JN439513

김윤자 수필집

돌때미골의 겨울나기

· 만주 용정에서 출생
· 함경남도 함흥시 만세리에서 성장
· 함흥영정소학교, 함남공립고등여학교 졸업
· 평양사범대학 조선어문과 재학 중 6 · 25 사변
· 2011년 『창작수필』로 등단
· (사)창작수필문인회 회원
· 수필집: 『돌때미골의 겨울나기』

돌때미골의 겨울나기

김윤자 수필집

1판 1쇄 인쇄/ 2015년 3월 25일
1판 1쇄 발행/ 2015년 3월 30일

지은이 / 김 윤 자
펴낸이 / 우 희 정
펴낸곳 / 도서출판 소소리

등록 / 제300-2007-21호
주소 110-521 서울 종로구 혜화로35, 302-1호
경주이씨 중앙회빌딩
전화 / 765-5663, 010-4265-5663
e-mail: sosori39@hanmail.net
www.sosori.net

값 12,000 원

*잘못된 책은 바꿔드립니다.

ISBN 978-89-97294-90-9 03810

책을 내면서

수원 애경문화센터에서 수필공부를 시작한 지는 만 4년이 되었다. 그리고 금년은 그 결실로 책을 내게 되어 내 딴에는 여간 소중한 한 해가 아닐 수 없다. 책을 내면서 한 가지 이루어 놓았다는 성취감에 내 생애의 어느 해보다 뿌듯하고 값진 세모를 맞게 되어 고맙다.

1주일에 1시간씩 한 달에 겨우 4번의 수강이긴 하지만 택시, 시외버스, 다시 수원에 와 시내버스를 갈아타면 왕복 5시간이 소요되었다. 시작할 때만해도 아무 거치적거리는 것이 없었는데 뜻밖의 가정사로 모든 것을 내려놓고 싶은 때도 있었다. 작년 말부터는 느닷없이 허리가 아파, 앞으로 구부러지는 허리를 펼 수가 없어 앓는 소리를 내면서 침 맞으러 다니던 일도 두어 달 계속되었다. 그때는 애경백화점 건물을 가로질러 강의실까지 걸어가기도 아득하기만 하였다.

끊어질 듯 이어지고 이어질 듯 또 끊어지기가 반복되던 수필

공부였다. 교수님을 비롯해 함께 공부하는 문우들의 격려가 있었기에 한 권의 책으로 만들어진 것 같아 지금은 너무 뿌듯하고 감사하는 마음뿐이다.

법정스님은 열반에 들면서 생전에 출판한 책들을 절판하라고 하셨지만 평범한 삶을 살아온 나로선 책 한 권을 남길 수 있다는 것이 너무 기쁘다. 돈이나 재산은 아무리 많이 남겨놓아도 없어질 수 있는 것이지만 내가 살아 온 나만의 세월은 그대로 이 책에 남아있으리라.

얼마 전 침 맞으러 한의원에 갔다가 70대 중반의 아주 세련된 아주머니를 만났다. 그곳은 10여 명이 한방에 둘러앉아 의사 선생님이 돌아가며 손이나 발에 침을 놓는 한의원이다. 한 30분을 그대로 꽂고 있으면 다시 들어와 먼저 놓은 침을 뽑고 반대편 손이나 발에 다시 침을 꽂는다. 침을 꽂고 기다리는 시간이 무료하여 그날은 다음 날 수필공부에 갖고 갈 원고를 훑어보고

있었다. 옆에 앉은 그 아주머니가 무엇이냐 물으며 보여 달라고 하기에 넘겨주었더니 그렇게 좋아할 수가 없었다. 며칠 뒤 걸려 온 전화에는 친구들에게 그 이야기를 하였단다. 어느 집이나 밖으로는 나타나지 않지만 살아가는 일이 그다지 평탄치만 않는 게 인생사가 아니냐며 그 글이 너무 좋다고 하며 우연히 만난 우리들의 해후를 기뻐하였다. 마침 『창작수필』 겨울호에 「해로」가 실렸기에 책과 함께 그분이 좋아하던 「홀가분한 인생」도 인쇄하여 우편으로 보내드렸다.

어느 누구든 단 한 사람이라도 내가 쓴 글을 보고 감동받았다면 내 소원은 이루어진 것이다. 나는 글을 써서 생계를 유지할 능력은 없다. 그러나 먹고 사는 일에 그다지 쫓기지 않고 틈틈이 글을 쓴다면 남은 여생 더 무엇을 바랄까? 더욱이 소설이나 단편보다는 수필은 살아가는 일상에도 항상 많은 도움이 되는 글공부다.

책이 나오면 수필 강좌도 끝내야겠다고 생각한 때도 있었다. 그러나 애경 수필반보다 더 보람 있는 곳은 없을 것 같다. 오래

다니다 보니 함께 공부하는 문우들에게도 많은 정이 들었다. 같이 점심을 먹고 차 마시며 나누는 시간은 어데 가 실없는 소리 하거나 듣는 것보다 스트레스도 해소되고 재미가 있다. 문우들의 작품들이 여러 가지다 보니 그것을 평하고 교정해 주시는 교수님의 지적과 보충도 늘 새롭고 흥미롭다. 하여 교수님의 강의는 내 건강이 허락하는 날까지 들어야겠다. 그보다 더 유익하고 보람 있는 시간은 없을 테니까.

나에게 수필의 진수를 가르쳐주신 오창익 교수님을 비롯하여 글쓰기 시작하고 제일 먼저 힘을 실어준 김순재 선생님, 우리 애경반의 뒤치다꺼리를 해주며 좋은 글 쓰시는 한정희 선생님, 나에게 수필공부 환경을 조성해 주신 류정득 선생님, 그리고 언제나 내 글을 읽고 도와준 공화순 선생님과 함께 공부하며 응원해준 모든 문우들에게도 이 지면을 통해 감사함을 전한다.

저자 김윤자

1. 성천강 이야기

2. 여정의 노래

3. 꿈이여 다시 한 번

4. 당진에 둥지를 틀고

5. 홀가분한 인생

1.

성천강 이야기

성천강 이야기

떠나온 고향의 산천은 세월이 가도 언제나 내 가슴 속에 그리움으로만 남아있다. 성천강은 함흥시가지 서쪽에 있는 북에서 남으로 흐르는 큰 강이다. 그 강에 동서로 놓인 만세교는 음력 정월 보름에 이 다리를 밟으면 오래 산다고 남녀노소 많은 사람들이 '다리밟기'를 하였다. 겨울이 채 가시지 않는 추운 날씨여서 떠나온 지 60여 년이 넘어도 지금은 몹시 추웠던 기억만 난다.

만세교가 있는 상류 쪽은 물살도 세고 물도 깊어 콘크리트로 높은 옹벽이 쳐져있지만 좀 더 내려간 강둑에는 흙이 흘러내리지 않게 철망에 돌을 담아 비스듬히 쭉 뉘어놓았다. 그 아래 물가는 납작한 돌들을 주워다 놓아 아낙네들의 빨래터가 되어 있다.

왜정 때 칠월칠석 해질 무렵에는 함흥에 살던 일본사람들이 그 강에 음식을 차려와 띄워 보내는 풍습이 있었다. 알록달록한 가지 각색 음식을 야트막한 상자에 예쁘게 담아서 양초에 불을 붙여 물위에 띄운다. 강바람에 양초는 가물가물 흔들리며 떠내려가는데 그들이 합장을 하노라면, 어느새 젊은 청년들이 물에 뛰어들어 건져 오곤 하였다. 먹을거리로 국이나 찌개 밖에 모르던 그 당시 우리들에게 그것은 꿈이 어린 생소하고 예쁜 음식들이었다.

만세교 다리 밑 깊은 물에는 1년에 한두 번은 꼭 익사사고가 났다. 거적을 덮은 아들 시체 옆에서 통곡하던 중년 여인의 모습도 잊히지 않는다. 어린 시절 성천강 하류 쪽 모래사장에는 종종 굿판이 벌어지곤 했다. 넓은 모래밭에 많은 사람들이 운집하여 무당이 춤추는 것을 구경하였다. 동네 아이들과 함께 간 우리들은, 끈기 없이 뚝뚝 부러지는 좁쌀로 빚은 개떡을 어찌나 맛있게 얻어먹었던지….

그 강의 모래밭에 삶은 빨래를 바래던 일도 잊을 수가 없다. 식구들이 덮던 이불홑청이며 아버지가 입던 여러 벌의 옥양목 흰 저고리들은 뜯어서 등판, 소매, 옷고름을 제각각 꿰매어 잿물에 삶아와 헹구었다. 그리고 모래사장의 흐르는 물 가까이서

볕에 바래기 위해 널어놓았다. 이렇게 씻은 빨래들은 훗날 다시 쌀풀을 먹여 꾸덕꾸덕 마르면 꼭꼭 밟아서 다듬질을 한다. 그리고 몇날 며칠 어머니는 아버지 옷을 다시 만들었다. 화롯불에 인두를 꽂고 깃이나 앞섶을 눌러가며 바느질하던 어머니의 모습이 선하다. 어머니 옆에는 아버지의 만들어진 흰 저고리가 수북이 쌓여갔다. 하얀 빨래와 연상되는 지난날 어머니의 고된 생활이 애처롭고 가슴 아프게 다가온다.

우리의 종아리에도 못 미치는 강물은 햇빛을 받아 눈부시게 아른거리고, 물살이 흐르면서 낸 강바닥의 모래 무늬를 그대로 비치고 있었다. 고무신을 벗어든 우리들은 송사리를 잡는다고 이리저리 뛰어다니며 놀았다. 해를 가린 우산 밑에 쉬면서 우물도 파고 빨래가 말라가면 흰 빨래가 햇볕에 잘 바래라고 물도 끼얹었다. 느닷없이 바람이 불어 널어놓은 빨래가 물에 떠내려가면 집어와 다시 널고 물을 끼얹었다. 온종일 햇볕에 널어놓은 빨래를 지키고 있노라면 해질 무렵 어머니와 할머니가 오셔서 깨끗이 헹구어 나무함지에 이고 가신다. 우리는 강둑을 거슬러 한참을 가다가 지름길로 가기 위해, 서함흥역에서 오로리(里)로 가는 철로를 넘어야했다. 좌우를 살피다 기차가 안 오면 철길

통행을 막으려고 친 허술한 철조망을 얼른 들치고 철길를 가로지른다. 그 철로를 넘으면 저만치 아래에는 둥글게 콘크리트를 찍어 만든 두레박 우물이 있었고, 철로 밑 주변의 잡초 속에는 가을이면 빨갛게 익어가는 꽈리가 있었다.

3・1운동 후 고향을 떠나 평생을 독일에서 살다 가신 이미륵씨가 쓴 「압록강은 흐른다」의 말미에 '길가다 이웃집 들창 밑의 꽈리를 보고 고향을 본 것 같다'던 그분의 애잔한 마음에 나도 내 고향의 철둑 밑 꽈리가 생각나 얼마나 그 책에 감회가 깊었던가.

성천강은 해질 무렵 수려한 산그늘이 드리우는 멋진 강은 아니다. 그 강에 놓인 만세교도 크고 긴 다리였다고 기억하였는데, 얼마 전 동창회에 들고 온 사진을 보니 교각도 엉성하고 초라하기만 했다. 하기야 요즈음 고도로 발달한 공법으로 만들어진 요즘의 아름다운 다리에 비할 수는 없겠지.

그러나 그곳이 비록 보잘것없고 누추한 곳일지라도 내가 자란 고향은 죽기 전에는 잊을 수가 없나 보다. 태어나 자란 곳을 그리는 정감은 누구나 다를 바 없거늘, 고향을 지척에 두고 내 고향의 산하를 밟아보지 못하고 떠나게 될 것 같아 서글프기 그지없다.

(2011. 2. 19)

그리운 외할머니

우리 외할머니는 육남매를 낳아서 둘째인 우리 어머니만 남기고 자식들을 모두 고만 고만한 어릴 적에 병으로 잃었다. 마지막에 간 아들은 아주 똑똑하여 한참 말 배울 나이에 들에 나가면 이것저것 물어보는 것도 많았다는데 그마저 병을 얻어 죽고 말았단다. 할아버지가 분수없이 술을 마시면서 약 사러 간 돈마저 술값으로 써버리고 아이가 죽은 후에 빈손으로 들어 왔을 때, 할머니는 더 이상 함께 살 생각을 버렸다고 하셨다.

그 후 할머니가 간 곳은 북간도(만주) 용정이었다. 일 잘하고 부지런하시던 할머니는 그곳에서 삯바느질이나 동네 허드렛일

등 모진 고생을 하시며 사셨다. 학교교육이라고는 받아보지 못하셨지만 앞을 내다보는 식견이나 미지의 세계에 도전하는 대담함을 지닌 할머니였다. 지금은 그 얼굴도 어슴푸레하지만 우리 할머니는 무척 강인한 생활력을 지니셨던 분이라고 기억한다.

열아홉에 나를 임신한 어머니는 사고로 불시에 남편과 사별하였다. 고된 시집살이에 남편과의 정도 없었다는 어머니는 시댁의 만류에도 불구하고 외할머니가 계시던 용정으로 가셨다. 어머니는 떠나면서 시집올 때 받은 은가락지를 빼놓고 가랄 때가 가장 서러웠다고 했다.

함흥이 살기가 좋다는 말만 듣고 돌도 안 된 나를 안고 우리 가족은 다시 조선으로 돌아왔다. 할머니는 남들이 다 주저앉은 만주 땅에서 어떻게 또 떠날 용단을 내렸을까? 내 인생의 첫 시작에서 고국인 조선으로 되돌아왔다는 것은 여간 다행한 일이 아니었다. 지금도 중국의 공산치하에서 언제까지라고 종지부를 찍을 수 없는 영원한 이방인으로, 어설프게 살아가는 중국교포를 볼 때 우리 가족의 귀국은 잘한 선택이었다.

8·15해방 후 할머니가 고향인 영흥군 진평면에 1000평의 밭을 사고 나도 데려가 보이며 무척 좋아하시던 기억이 난다. 그러다 가을에 받은 도지문제로 끝내 경작하던 사람에게 그 땅

을 팔아야 했다. 그러나 그 다음해 봄, 느닷없는 북한의 토지개혁으로 "모든 농지는 밭갈이 하는 자에게"라고 부르짖으며, 결국 땅은 모두 국가의 소유로 돌아갔다. 근근이 살아가며 용케도 장만한 전지였지만 위기를 모면한 우리 식구 모두는 안도의 가슴을 쓸어내렸다.

1999년 여름 나는 중국관광으로 백두산에 가는 길에 내가 태어난 용정에 들르게 되었다. 윤동주 시인의 시비가 있는 대성중학교에서 나무 그늘 하나 없는 뜨거운 햇볕 아래, 운동장 한 쪽에서 엉성한 관광 상품을 팔던 노인이 기억에 남는다. 「서시」가 실린 윤동주 시집은 장정이랑 아주 어설프고 볼품없이 만들어 교사 건물 한쪽에서 팔고 있었다. 한국에서 오는 관광객을 상대로 구걸하는 인상을 받아 조금 기대에 어긋났지만 그 시집도 사고 보석이라고 팔던 작은 돌도 기념으로 사 왔다.

여행에서 돌아오는 내내 외손녀를 안고 다시 고국으로 돌아온 할머니에게 그저 고마운 생각만 들었다. 그곳에 그대로 살았으면 지금쯤 나도 자식을 한국에 돈벌이 보내고 어린 손자 키우며 살아가고 있지 않았을까? 받은 교육도, 돈도, 기댈 피붙이도 없이 열악한 낯선 환경을 용케도 헤치고 살아온 가냘픈 할머니의 모습이 눈물겹기만 하다.

그런 외할머니와 어머니는 자손의 교육에 대해선 남달랐다. 내 집도 없이 여름에 닥치는 장마철에는 번번이 물난리를 겪으면서도 함경남도에서는 제일가는 함흥에 있던 함남고녀에 나를 입학시켰다. 왜정 때 우리 학교는 지방에서 한두 명 공부도 잘하고 권력이 있던지, 재력이 있던지 쟁쟁한 집안의 자녀들이 모였었다. 학교에 다니는 동안 비 오는 날에는 빠짐없이 우산을 갖고 그 먼 학교에 오시던 할머니였다. 시장에 나가 포목장사를 하던 어머니를 도와 할머니는 집에서 고된 가사노동을 도맡아 우리 7남매를 길러주셨다. 나는 여학교를 졸업하고도 가정형편을 돕지 않고 평양사범대학에 진학하였다. 이 모두 할머니가 계셨으니 가능한 일이었다.

1·4후퇴의 생지옥 속에 도시 전체가 울고 있었다. 머리에 이고지고 이리 뛰고 저리 뛰는 숱한 사람들은 하나같이 모두가 엉엉 울부짖고 있었다. 아비규환의 처참한 지옥 속에서도 할머니는 살 길이 있으면 너만이라도 떠나가라고 나를 멀리까지 배웅하셨다.

'할머니, 그때 할머니가 계셔서 오늘의 제가 있습니다. 그리운 할머니! 월남하여 비슷한 연세의 노인만 봐도 털썩 주저앉아 울던 당신의 손녀가, 지금은 그때의 할머니보다 20년을 더 늙어도 할머니 그리움에 이렇게 또 울고 있습니다.' (2011. 7. 8)

내 친구 은주

내 친구 은주와 만나고 헤어진 기간은 고작 4년도 채 안 된다. 그러나 60여 년이 지난 지금까지도 은주에 대한 그리움과 애잔한 추억은 늘 내 마음 속에 살아있다.

은주는 8·15 해방 후 함흥에 있던 여자 상업학교에서 우리 학교로 편입했다. 여학교 3학년 초의 일이다. 하얀 피부에 부리부리한 검은 눈, 살은 좀 찐 편이었으나 균형이 잡힌 보기 좋고 귀티 나는 친구였다. 나와는 대조적으로 그녀는 언제나 유머 감각이 넘치는, 밝고 명랑한 성격이었다. 학급에서는 바로 내 뒷자리였다. 교과서에 실린 그녀의 아버님이 쓴 짧은 기행문 「부전고원」을 공부한 국어 시간이 끝나고부터 우리는 급속도로 가까워졌다. 은주의 아버님은 조선 문단에 이름 있던 원로 작가 한설야(韓雪野)씨다. 얼마 후 은주 아버님은 문교부장관 격인 초대 교육국장에 오르게 되셨다. 은주는 가족 모두가 평양으로 이사 갈 때도 학교를 옮기기 싫다고 함흥에 있는 이모님 댁에서 다녔다. 우리는 날이 갈수록 더 친숙하여 밤늦게까지 서로의 집을 오가며 헤어지기를 아쉬워했었다.

은주의 여학교 졸업식에 교육국장으로 계시던 아버님께서 우리 학교에 오셨다. 교장선생님을 비롯하여 우리 모두가 개교 이래의 큰 영광이라고 얼마나 기뻐하고 축제분위기가 고조되었던지….

그런데 딸과 함께 평양으로 되돌아가는 기차에서 아버님은 딸의 출생비밀을 말씀하셨다. 그 시대 문인들에게 흔히 있었던 일이고, 여학교를 졸업하는 나이니 별문제가 없으리라 생각하셨나 보다. 어려운 형편으로 술집에 갓 나온 예쁜 여인 사이에서 너를 얻었고 그 생모는 폐병으로 죽었다고 말씀하셨단다. 평소에 어머니 정에 불만을 품고 까탈스럽던 은주는 그 말을 듣고부터 무척 괴로워했다. 은주는 평양으로 나를 불렀고, 역에서 만나자마자 주체 못하는 감정을 토로하며 우리들은 가로수 길을 오래도록 걸었다.

그러면서도 은주는 순조롭게 K대학에 들어갔고, 나도 우연한 기회에 진명고녀 재학시절 글도 가끔 쓰셨다는 은주 어머님의 눈에 들어 평양사대 조선어문과에 진학하게 되었다.

그러던 어느 날 은주는 느닷없이 다니던 대학을 접고 어머님의 간곡한 만류에도 불구하고, 같은 대학 법대 3학년인 K와 결혼하겠다고 하였다. 그 당시 일요일마다 은주네 집에는 여러 명의 대학생들이 모여들었기에 나도 은주의 상대를 익히 알고는 있었다. 그러나 그리도 급속도로 일이 진행되리라고는 짐작할 수 없었다.

6·25가 나던 해인 6월 3일에 은주는 작은 금딱지 손목시계를 예물로 받고 약혼을 하였다. 나진이 고향인 K는 부잣집 귀공자였고 대학에서는 사교춤도 가르치는 멋진 미남이었다. 우리는 약혼 전날 앞으로 소원해질 우리의 우정을 아쉬워하며 밤이 늦도록 이야기를 나누었다.

그런데 며칠 후 은주는 기숙사로 나를 찾아왔다. 기숙사 뒤 문수리 비행장 둑을 걸으며 나는 깜짝 놀라고 가슴 아픈 황당한 이야기를 들어야했다. 약혼자가 손수건을 빨갛게 물들일 정도로 각혈을 했다는 것이다. 건강이 좋지 않다고는 들었지만 피를 토할 정도의 형편에 결혼을 하겠다면 속은 것 같은 느낌이 들었다. 그 당시 이북에서 결핵은 불치의 병이었고, 은주의 생모도 그 병으로 죽었다고 하지 않았던가. 나는 그 남자가 원망스럽고 친구의 앞날도 걱정되지만 부모에게도 말 못하는 친구가 너무 불쌍하였다. 며칠 후 6·25가 나고 비행기가 연신 함흥을 폭격하고 만세교도 끊어졌다. 나는 가족을 따라 20여킬로 떨어진 주북에 피난 가 있었다. 그 와중에 은주는 아버님의 여비서와 함께 약혼자가 있는 나진으로 가는 길에 함흥 우리 집에 들렀더란다. 마침 할머니라도 계셔서 닭을 잡아 밥상을 차려 주셨다니 다행한 일이다. 하지만 그것이 영영 두절된 우리의 마지막 소식이 되고 말았다.

꿈도 많던 철부지 그 시절, 늙어 추한 모습으로 살지 말고 50까지만 살자고 했던 우리들이었다. 하지만 나는 좋은 세상을 만나 80이 넘은 지금까지도 수필공부를 위해 다니고 있는데, 내 친구 은주는 어데서 무엇을 하며 살고 있을까. 전쟁 통에 헤어져 60여 년이 지났지만 내 기억 속에 은주는 언제나 밝고 고운 스무 살 추억으로만 남아있다. 추억! 그래서 추억은 고향만치나 소중한 그리움인가 보다.

(2011. 3. 19)

함남고녀

나는 아직도 70년 전 내가 다닌 우리 학교가 눈에 선하다. 반룡산 자락을 깎아 세운 우리 학교는 일자형 단층 건물이었지만 2층 건물 같이 높이 솟아있었다. 등교할 때 교사(校舍)로 올라가는 완만한 경사로를 오르노라면 늘 피아노 소리가 울려 퍼졌다. 봄이면 그 비탈길 왼쪽 가에는 노란 개나리가 한 아름씩 듬성듬성 피었다. 함흥에서 제일가는 우리 함남공립고등여학교는 우수한 학생들만 모였고 지방에서는 한두 명이 겨우 들어왔다. 수업이 끝날 때마다 때앵때앵, 입학시험 날 처음 듣고 그 두근거리던 종이 울렸다.

우리 어머니는 그 함남고녀에 딸이 다니는 게 살아가는 큰 보람이었다. 합격발표가 있던 날 아침, 엄마와 나는 이른 새벽 집을 나섰다. 어두움이 깔린 학교운동장에는 우리보다 먼저 와 있는 학부모와 아이들도 있었다. 3월초의 새벽공기는 너무 차고 발이 시렸다. 이윽고 동이 트고 공고한 발표시간이 되어갔다. 그때서야 기다란 널빤지 두 개를 포개어 메고 계단을 내려온 직원이 건너편 담벼락에 그것을 펼쳐 걸었다

순간 내 번호 '74'번이 눈에 들어왔다. 엄마와 나는 손을 맞잡고 좋아서 어쩔 줄을 몰라 했다. 눈을 의심하여 보고 또 보았다. 입학식 날 일본인 교장은 오늘의 감격을 잊지 말고 새로운 여학교 생활에 임하라고 훈시했다.

지금도 잊을 수 없는 수요 수련시간에는 전교생이 강당에 모였다. 우리들은 그 엄숙한 분위기 속에 학년 별로 줄지어 들어가 섰다. 교장선생님은 우리가 줄선 한가운데를 위풍당당하게 몸을 곧추세우고 한껏 팔을 벌리고 천천히 걸어 들어오셨다. 얼마의 훈시를 들은 후 우리는 무릎을 꿇고 앉아 소리를 내어 노래를 불렀다.

"금강석도 갈고 닦지 않으면 구슬의 빛은 나지 않는다. 사람도 배우지 않고는 진실한 덕을 쌓을 수 없으리라."

우리는 수요 수련시간마다 여러 가지 일본 시구에 음을 붙여 엄숙하게 합창하였다. 이때 조금이라도 튀는 소리를 내면 불호령이 떨어진다. 참 긴장되던 한 시간이었다. 훗날 길에서 먼발치에 본 교장선생은 키도 작고 몸집도 그리 크지 않은데 놀랐다. 복도는 항시 소리 나지 않게 발끝으로 걷게 하고 화장실에서 나온 후 복도에서 다시 웃매무시에 손을 대면 큰 벼락이 내렸다.

전시라 많은 시간을 군복의 단추 달기와 마초(馬草) 베어 말리기나 관솔을 얻기 위한 솔뿌리 캐기에 동원되었다. 우리 학교는 이성 교제를 엄하게 금지하였다. 남학생과의 교제는 자주 사상문제로 번져가기 때문이다. 재학생이 고등계 형사과에 불려가는 일이 없는 게 이 학교의 전통이었다. 나도 남의 나라 식민지는 알고 있었지만 어리석게도 우리가 일본의 식민지라는 것을 모르고 있었다. 그러고 보면 우리 학교는 내선일체(內鮮一體)를 부르짖으며 이 나라를 점령한 일본인의 식민지 교육이 잘 먹혀든 모범학교였나 보다.

8·15해방이 되고 그 해 가을에야 다시 개교를 하였다. 한국인 교무주임이 서툰 한국어로 말씀하시다 일본어로 이어갔다. 그러나 차츰 우리들은 쉽게 우리말을 배워갔다. 그리고 그 교무

주임은 우리 학교에 훌륭한 교사를 많이 초빙하였다.

우리나라 외교사에 이름 있고 경제 부총리를 하셨던 이한빈 선생님께 영어를 배웠다. 그 낭랑하고 시원스런 음성이 아직도 잊히지 않는다.

세종문화회관의 무대 막에 십장생을 함께 그린 유명한 서양화가 권옥연 선생님은 해방되고 제일 먼저 배운 미술선생님이시다. 나는 미술엔 소질이 없었지만 그분이 어느 날 미술시간에 읊어주신 주요한의 시 「비가 옵니다」는 지금도 내 마음을 촉촉이 적시고 있다.

그리고 또 잊을 수 없는 선생님으로 「렌의 애가」를 쓴 모윤숙 여사의 동생 모기윤 선생님에게 국어를 배웠다. 모두가 우리말이 서툴 때의 그 선생님의 유난히 돋보인, 유창한 우리말 수업은 우리에게 한국어의 진수를 가르쳐 주셨다. 돌이켜 보면 한창 자라나는 성장기에 훌륭한 선생님들 모시고 공부했으니 뿌듯하다.

두고 온 고향 산천과 함께 내가 다닌 모교는 아직도 내 가슴에 그대로 살아있다. 고향 잃은 우리들은 다시는 돌아갈 수 없는 함남고녀 총동창회를 해마다 서울에서 열고 있다. 200여 명이 되던 인원이 그동안 많이 타계하고 금년에는 60여 명이 모여 자라던 시절의 모교 이야기에 꽃을 피웠다. 모진 전쟁을 두 번이나 겪고 살아 왔지만 우리가 자란 완고하던 그 교풍이 하나 같이 모두를 반듯하게 살게 하는 것 같아 나는 내가 다닌 모교가 늘 자랑스럽다.

(2014. 9. 26)

내가 겪은 6·25

국사 시험을 보는 날 새벽, 평양사대 기숙사에서 6·25사변 발발을 방송으로 들었다. "38선 접경에서 남조선이 이북으로 쳐들어와 지금 인민군은 반격하여 남조선으로 밀고 들어간다."는 것이었다. 다음 날 나는 고향집으로 가기 위해 짐을 꾸려 친구 집에 맡기려고 들렀다. 그때까지만 해도 다시 또 평양으로 돌아올 것이라고 믿었다. 문교부장관으로 계시던 친구의 아버지는 그날 벌써 이남에서 갖고 온 고급승용차를 탄다고 했다. 지프차나 타고 다니던 이북의 고위층은 전리품으로 얻은 이남의 승용차가 무엇보다 탐나는 것이었으리라.

일부 남녀 학생들은 조국전쟁이라 하며 참전한다고 그대로 기숙사에 남았다. 새벽에 함흥에 도착한 내가 문을 두드리니 아버지가 장작을 패다 자귀를 든 채 뛰어 나오시며 얼마나 반가워하시던지…. 연신 잘 왔다, 잘 돌아왔다고 기뻐하셨다. 이튿날 원산교원대학에 다니던 여동생도 돌아오니 우리 집은 잠시 평온한 날이 계속되었다.

집으로 돌아오지 않는 자식들의 소식을 듣기 위해 우리 집을 찾아온 친구의 부모도 있었다. 전쟁이 시작되니 전화나 우편도 안 되고 알아볼 길이 없어 모두가 애만 태우며 안타까워했다. 그리고 전장에 자원입대한 철없이 날뛴 딸을 연신 나무라며 오래도록 울고 계셨다.

아무 준비가 없던 이남 정부는 3일 만에 서울이 함락되었다. 그 후 UN군이 개입되고 폭격이 시작되니 우리 식구는 함흥에서 20여 킬로 떨어진 주북으로 피난을 갔다. 우리는 이부자리나 당장 필요한 가재도구를 큰 함지에 담아서 몇 번씩 머리에 이어 날랐다.

전진만 한다던 요란한 전황이 어느새 뜸해지면서 흥남공장에 폭격이 시작되었다. 미련한 것들이지, 공장에서 돌아가는 힘찬 기계 소리에 폭격기가 겁먹고 돌아간다며 대피를 시키지 않아 많은 사람이 희생되기도 했다.

어느 날 나는 무엇에 토라졌던지 아버지가 혼자 계시는 집으로 돌아왔다. 이튿날 가까운 만세교를 내리친 폭격에 우리 집 아주 가까이에 폭탄이 떨어졌다. 아침부터 요란하게 울리던 공습경보에 아버지와 나는 왜정 때 파놓고 김칫독이랑 넣어두던 방공호에 들어갔다. 쌔앵쌔앵 귀를 째는 폭격기 소리가 아주 가까이에 들리더니, 몇 번인가 머리를 콱콱 땅으로 쥐어박는 요란한 폭풍이 지나갔다. 잠시 후 주위를 살피니 방공호 안은 출입구의 흙이 무너져 내려 뿌연 흙먼지가 가득 차 순간 앞이 보이지 않았다. 아버지는 방공호를 나오시며 민가를 폭격했다며 미국을 나쁜 놈들이라고 하셨다. 요즈음도 이라크의 폭격에 민간인이 희생이 되면 신문에서 힐난하는 소리가 잘 이해된다. 그 폭격으로 동네에 커다란 웅덩이가 생겼고 만세교도 일부 무너졌다.

아버지는 마을의 반장 일을 보시니 뒷마무리를 하고 오신다기에 내가 먼저 가족이 있는 주북으로 갔다. 가는 도중 우리 동네가 쑥밭이 되었다는 소식을 듣고 쫓아 내려오던 엄마를 만났다. 가로수 그늘에서 팔고 있던 개구리참외를 깎아 주면서, 그날의 무사함을 그리도 기뻐하며 눈물짓던 우리 엄마…. 전쟁은 끝날 줄 모르고, 무더운 여름이 지나 낙엽이 우수수 떨어지는 가을이

성큼 다가왔다. 아무 가리개도 없는 한데서 조석을 끓이던 어머니는 언제면 집으로 돌아갈 수 있을까? 걱정하시던 그 모습이 눈에 선하다.

전황이 다시 바뀌어 국군과 UN군이 38선을 넘어 북진하면서 함흥도 공산치하에서 풀려났다. 우리는 피난살이에서 돌아와 구호식량으로 하얀 밀가루랑 푸짐하게 배급 받아 엄마는 그렇게 좋아할 수가 없었다. 잠시 전쟁의 고통에서 벗어난 듯했다. 그러나 그 후에 닥칠 엄청난 사실은 모두가 예견할 수도, 짐작할 수도 없는 일이었다. 중공군이 인해전술로 개입되고 미국은 전쟁의 확산을 원치 않아 1・4후퇴가 시작된 것이다. 나도 그때 흥남에서 배를 타고 영영 가족과 헤어지고 말았다. 밀고 밀리는 급박하던 전쟁은 그렇게 3년이나 계속되었다. 결국 6・25 남침으로 시작된 전쟁은 판문점을 기점으로 38선을 둔 채 도로 원점인 그 자리에 멈춰 섰다.

자식을 낳아 힘들게 기르기만 하셨지 그 뒤를 보지도 못하고 우리 때문에 당하셨을 고통을 생각하면 억장이 무너진다. 그 불효를 어떻게 용서받을 수 있을까….

다시는 이 나라에 동족상잔의 비극이 있어서는 안 되겠다.

(2011. 6. 15)

가을에 생각나는 일들

아직 단풍이 들지 않은 나무의 잎사귀가 살랑거리는 바람에도 한 잎 두 잎 날아다니고 있다. 기온이 떨어진다고 하니 오래지 않아 나뭇잎은 가을 색에 물들어가겠지. 그때쯤이면 모두가 단풍구경 간다며 고속도로마다 길이 막히고 정체현상이 빚어질 것이다. 그런 걸보면 항시 돈이 없어 힘들다는 말도 믿을 수 없는 일이다.

나는 계절 중에 가을이 가장 싫었다. 함경남도의 혹독한 추위를 겪으며 자란 성장기도 월남하여 겪었던 살림의 어려움도 가을은 나를 두렵게 만들었다. 먹는 것에만 급급하던 지난날, 다가오는 겨울을 위해 힘겹게 쌀, 김장, 연탄을 준비해야 했다. 엥겔스 법칙에 소득이 낮을수록 가계 지출 항목에 식비의 비율이 높아진다고 했다. 요컨대 식비가 많은 비중을 차지하던 지난날의 우리 살림이었다. 그러나 지금 우리들은 장보기가 겁난다고 하지만 먹는 것보다 다른 것에 더 많은 돈이 드는 일상을 살고 있다. 젊은 세대는 자녀의 교육비부터 레저비, 보험, 세금, 주거비 등이 이미 식비를 능가하고 있다. 그만큼 우리 모두 생활의 질이 향상되었다.

내가 겪은 성장기 겨울은 혹독했다. 지금과 같이 따뜻하면서도 가볍고 질긴 옷도 없었고, 눈 위를 걸어도 발이 시리지 않는 좋은 양말이나 신발도 없었다. 먼 거리에 있는 학교에서 돌아온 딸이 추위에 꽁꽁 얼어서 울음을 터뜨리면, 엄마는 당신의 긴 머리를 풀어서 그 속에 내 손을 넣어 녹여주셨다. 때때로 그 스산하고 얼어붙던 학교 화장실은 자주 무서운 괴담으로 어린 우리를 공포에 몰아넣었다. 지금은 시골 어디를 가나 학교는 물론 살림집 화장실 모두가 수세식이고, 환한 전등에 수도관의 보호를 위해서도 최소한의 난방이 되어 있다. 내가 자랄 때처럼 화장실에서 황당한 귀신이 나오는 이야기는 들어보지도 못할 것이다.

여학교 때 일본인 교장은 추운 겨울 실내에 불을 지피면서 차가운 아이스크림을 먹는 미국인을 흉보았다. 따라 웃던 우리도 지금은 한겨울에 따뜻한 거실에서 아이스크림을 먹는 맛을 알게 되었다.

나는 일본 관광을 가면 일본 어묵(덴뿌라)을 잘 사먹는다. 초등학교 때 하굣길에 거쳐 오는 시장 안에는 일본사람이 만드는 어묵집이 있었다. 커다란 무쇠솥에 튀겨내는 어묵은 돈이 없어 사 먹을 수 없어도 구경하는 것만으로도 즐거웠다. 어느 날 마트에서 도톰하게 갓 튀겨낸 어묵을 보고 사 온 딸은 내가 들려준 그 어묵이 생각났다고 했다.

생각하면 40여 년 짧은 기간에 우리들의 의식주 생활은 어느새 많은 변화를 갖고 왔다. 우리는 지금 예전에 상상도 못할 꿈같이 편한 생활을 하고 있다. 주방에는 싱크대가 있어 수도꼭지만 누르면 온·냉수가 콸콸 쏟아진다. 냉장고에 세탁기에 전기만 넣으면 밥이 저절로 되는 전기밥솥에, 가스렌지가 있어 무엇이든지 쉽게 만들어 먹을 수도 있다. 그런데 이북의 우리 형제들은 이 가을, 닥쳐올 겨울을 어떻게 맞이하는지….

엊그제 신문에는 산림이 황폐화되어 자칫 사막화가 우려된다는 기사를 보았다. 6·25 전에도 산세가 험악한 함경북도의 삼

수갑산에 사는 주민들을 위해 입던 헌옷, 넝마에 가까운 것들을 걷어가던 생각이 난다. 그 산골 사람들은 입을 옷이 없어 낮에는 나다닐 수가 없고 겨울밤에 물 길러 나올 때면 침구로 쓰던 요를 두르고 나온다고 했다. 원시적인 생활을 해 가던 그들은 지금쯤 아마도 그때보다 더한 어려움을 겪고 있을 것이다.

6. 25 남침 전쟁이 있은 지도 어언 60여 년이 지났다. 북한의 실정을 경험하지 못한 이 나라 젊은이들은 자유를 만끽하는 천국에 살면서 지옥과 같은 북한을 동경해서일까? 정부에서도 말리는 명분 없는 회의에 참석하려고 몰래 독일이나 중국을 거쳐 평양에 다녀와서는 큰일을 해냈다고 자랑한다. 하지만 종북주의자에게 그곳에 영영 살라면 고개를 내저을 것이고, 북한 정권도 그 이상 홍보가치가 없는 그들을 받아주지도 않을 것이다. 자유의 참맛을 아는 자들을 자기 체제에 섞어놓아도 부담스럽기만 할 테니까.

굶주린 백성들의 힘겨운 생존을 마치 무슨 큰 목적을 이룬 희생처럼 '고난의 행군' 운운하는 김정일에게, 우리의 전 정권들은 천문학적 숫자의 많은 돈을 퍼주었다. 그러나 북한 주민은 여전히 굶주림에 허덕이고 피폐한 경제에 엉뚱한 핵 개발이나 해놓은 이북정권은 지금은 외려 우리를 위협하고 있다. 서해안 전투에 애꿎은 우리 젊은이들만 희생되고 말았는데 아직도 이 나라 종북세력들은 정신 차리지 못하고 북한의 세습정권을 감싸기에만 급급하다.

가을을 재촉하는 비가 오다 어느 날 느닷없이 된서리가 내리면 모두가 겨울을 준비하는 김장을 서두르겠지. 고향의 부모형제는 얼마나 힘들게 추운 겨울을 살다가셨을까? 해놓은 것 없이 이렇게 편하게만 살다가도 되는지 생각해보는 이 가을이다.

(2011. 10. 1)

어머니

내가 어머니와 헤어진 것은 6·25 사변이 일어난 1950년 겨울이었다. 그때 어머니 나이가 41세였으니 지금의 내 막내딸보다도 10여 년이나 젊은 나이다. 이제는 어머니의 모습은 떠오르지 않고 어머니와 함께한 몇 가지 일만이 어렴풋이 내 가슴에 남아있다.

일본이 이 나라를 통치하던 그 시대는 모두가 어려웠고, 더욱이 8년이나 계속된 2차 대전 막바지에는 어느 집이나 식량도 물자도 부족했다. 그래도 어머니는 억척스러워 커가면서도 나는 배가 고팠던 기억은 없다. 항상 부지런하던 어머니는 장질부사를 앓던 때를 제외하고는 누워있던 모습도 본 적이 없다. 늘 옅은 화장에 참빗으로 긴 머리를 빗어 내리고, 빨간 댕기를 묶어서 비녀로 쪽을 지셨다. 언제나 정결하고 단정하던 어머니는 많은 일을 하면서도 누추한 옷을 걸친 모습은 보지 못했다. 일할 때면 항상 치마 위에 걸치던 하얀 행주치마가 지금도 눈에 어린다.

오랜 세월이 흘렀지만 아직도 방바닥과 가지런히 높던 친정의 부뚜막이 생생하다. 그 부뚜막에는 물을 데우던 큰 무쇠솥과 밥을 짓는 중간 솥, 그리고 찌개를 끓이던 작은 양은솥이 걸려 있었다. 왕겨를 때서 풍구질을 하는 것은 언제나 아버지 몫이었다. 어머니와 외할머니는 자주 큰 솥에다 녹두 부침이나 두부를 만들었고, 때로는 돼지머리도 삶아 솥에 윤을 내어 우리 집 부뚜막은 항시 깨끗하고 반들거렸다.

여름이면 가지찜이나, 작은 물고기인 세천어(細川漁)에 호박을 넣고 끓이다 으깬 추어탕도 어머니가 잘 만들어 주셨던 음식이다. 감자가 많은 우리 고향에서는 감자 부침개는 물론 감자를 갈아서 반죽하여 김치와 당면 넣고 만든 만두도 자주 쪄 주셨다. 고등어 철에는 어느 집이나 고등어를 많이 절였다가 굽기보다는 감자에 풋고추를 넣어 끓여먹던 생각이 난다.

나는 늙어가면서 요즈음은 번거롭게 만들어 먹는 반찬을 잘 만들지 않는다. 며칠 전 가지찜을 만드는데 왜 그리도 눈물이 나던지…. 그것을 만들 때의 어머니의 모습과 친정에서 우리 7남매가 둘러앉아 함께 먹던 모습이 떠올라, 연신 찔끔찔끔 눈물을 흘리면서 만들었다. 그렇게 잘 드시던 영감도 생각나고 어느새 가족 모두가 뿔뿔이 흩어져 이 산골에서 나 홀로 사는 외로움에 가지에다 칼집을 넣다 말고 그만 주저앉아 울고 말았다.

얼마 전 초등학교 친구를 만났다. 그녀는 그 시절 내가 입던 세루치마를 잘 기억하고 있었다. 내가 다닌 소학교는 치마 아랫단에 흰줄을 넣어 입었는데 어머니는 꼬불꼬불한 고운 흰 줄을 달아 딸의 치마에 멋을 냈다. 어머니는 바느질도 잘하고 우리들의 옷도 잘 만들어 입혔다.

우리가 자랄 때 어머니는 항시 우리에게 좋은 친구 사귀라고 일렀고 공부는 물론 인물도 집안도 너보다 나은 친구를 사귀라고 말씀하셨다. 어머니는 학교 공부는 못했지만 우리가 공부할 때 어깨너머로 글을 배워 구구단도 잘 외우고 받침은 좀 틀렸지만 훗날 시장에 나가 피륙 장사할 때 외상장부도 거뜬히 적어 놓았다.

6·25 사변이 나고 우리 모두 함흥시가지를 떠나 주북에 피난 갔어도 어머니는 부지런히 설거지를 마치면 피륙 보따리를 이고 나섰다. 시골마을 이곳저곳을 돌아다니며 장사를 하고, 돌

아올 때면 어김없이 곡식이나 과일들을 갖고 오셨다.

아무리 어려운 곤경에 처하더라도 살아남아 식구를 돌보셨을 어머니였지만 두 딸이 월남한 것으로 그들의 학대를 어떻게 견디어 냈을까? 흔히 자식은 쓸 데 없다고 한다. 나도 내가 잘 먹고 잘 살 때는 잊고 살다가도 어려움이 닥치면 어머니가 그리워 울고 앉은 나를 본다.

월남하신 시숙부님이 마지막 병상에서 "고향의 어머니는 내가 이렇게 아픈 것을 알고 있을까?" 하시며 떠나온 고향의 어머니를 그리던 생각이 난다. 고향에는 어떤 경우에도 포근히 보듬어 줄 어머니가 계신다.

아직 햇볕은 뜨거운데 어느새 앞산의 나무들이 봄에 피는 꽃보다 더 화려한 가을 색으로 갈아입고 있다. 또 한 해가 그대로 가나 보다.

어머니는 어느 곳에서 힘겨운 여생을 보내다 고단한 생을 내려놓았을까? 통일까지는 못 바란대도 서신 연락이라도 할 수 있었으면 얼마나 좋을까. 끝내 아무소식도 못 들은 채 나도 세상을 떠나게 되나, 생각하니 너무 한스럽고 서러움이 복받친다.

(2014. 10. 20)

집시의 탄식

일본 레코드판이었나 보다. 60여 년이 지난 지금 축음기로 듣던 그 음악의 멜로디는 생각나지 않지만 레코드판의 흰 부분에 적혀있던 노래 제목 「집시의 탄식(ジプシーの嘆き)」은 아직도 눈에 또렷하다. 남편과 나는 어느 소도시의 작은 다방에서 만나기만 하면 그것을 틀어달라고 했다.

1952년 2월 아직 전쟁은 끝나지 않은 때였다. 6·25 동란으로 내일을 기약할 수 없는 불안하고 외로운 떠돌이 생활에 지친 우리에게 그 바이올린의 애절하고 처절했던 음률은 들을수록 가슴을 파고들었고, 마음에 촉촉하게 녹아들었다.

아무것도 모르고 학교에나 다니던 성장기, 집시란 낱말은 애수가 깃든 낭만이었고 꿈이 서린 세계이기도 하였다. 그러나 막상 의지가지없이 나 홀로 겨울 벌판의 모진 바람을 맞고 서 있을 때, 이제부터는 잘 되어도 잘못되어도 모든 게 내 자신에게 달렸다는 강한 의식 밖에 없었다.

울진에 배를 몇 척 갖고 있다는 마을 할머니가 추천한 남자, 정보기관에 다니던 K씨, 인민군에 있다 국군이 들어 왔을 때 옷을 벗고 같은 배로 피난 나온 고향사람 H씨, 한참 나이니 다가오는 사람들도 있었지만 모두가 내키지 않았다.

그때 홀연히 나타난 군복 입은 내 짝은 키도 크고, 인물도 첫눈에 들었다. 8·15 해방 후에 월남하여 D대학 영문과에 다니다 전시에 미군부대 행정보좌관으로 있었던 그는 고향이 같은 함흥이었고 나보다 네 살 위였다. 봄에 부산 가서 대학 졸업장을 받으면 고등학교 영어 교사를 할 수 있다고 했다.

한 달 후 우리는 그 소도시를 떠났다.

몇 년 전에 신문에 난 루마니아의 넘쳐나는 집시 실상을 보니 그들은 그야말로 거지 떼거리에 지나지 않았다. 지금은 루마니아 인구의 11%를 차지하고 있는 그들은 자식들의 교육도 마다

하고 구걸로 몰아낸다. 허름한 마차 위에 얹은 천막이나 상자집에서 이곳저곳 옮겨 다니며 고철 등을 주워 생계를 이어간다고 한다. 게으른 이들은 평균수명 47세밖에 살지 못하는 떠돌이 생활에 기회를 주어도 배울 생각은 한사코 거부하며 루마니아 당국의 골머리를 아프게 하고 있다고 했다.

50여 년 전 본 영화에 에바 가드너가 주연한 「맨발의 백작부인」이 있었다. 관능적이고 아름다운 주인공 백작부인이 갈색피부의 건장한 집시 남자를 끌어들여 신발을 벗어 던진 채 격렬한 율동으로 춤을 추던 그 장면은 너무나 강렬해 주인공 여자는 물론 집시 남자에게도 황홀하기까지 하였다. 성불구인 백작은 임신한 자기 처를 쏴 죽이고 그 백작부인의 신발 벗은 동상을 성곽과 같이 큰 저택의 넓은 정원의 구석에 세웠던 것 같다.

집시란 시나 노래나 영화에서는 자유 분망한 인간의 본질을 갈구하는 소재로 등장한다. 하지만 집시생활이란 선천적인 보헤미안의 근성이 없고서는 고달프고 적응하기 힘든 것이기도 하다. 어디에든 정착하여 가정을 이루고 가족이 모여 사는 평범한 삶만큼 행복하고 고마운 것은 없는 줄 안다. 더욱이 전쟁을 겪은 우리들에게는 피난살이나 떠돌이 생활은 무엇보다도 힘겹고 무서운 생활임을 너무나 잘 알고 있다.

요즈음 우리들은 전쟁의 상처를 말끔히 씻어버리고 세계 각국을 관광하며 돌아다닌다. 그것도 내 나라가 있고 돌아오면 맞아줄 내 가족이 있어서 즐겁고 재미나는 것이다. 막상 정주할 나라도 집도 없다면 중국에서 헤매고 다니는 탈북자와 같은, 집시의 신세가 될 것이다. 그들이 얼마나 암담하고 많은 어려움을 겪고 있는지 우리는 자주 듣고 있다.

「집시의 탄식」을 함께 듣던 영감은 가셨지만, 금년 봄에는 우리가 처음 만난 그곳을 찾아가, 머리를 감던 그 냇가에서라도 느긋하게 지난날을 되새겨보고 싶다. (2011. 3. 11)

2.

여정의 노래

산소에 심은 배롱나무

영감이 돌아가시고 당진에 조성한 산소 앞 양쪽 가에 양재동 나무시장에서 사온 배롱나무 두 그루를 심었다. 여름이 되어 꽃이 피고 보니 한 그루는 진분홍 꽃이고 한 그루는 진보라 색이었다. 해마다 전정을 말끔하게 해주었더니 4년이 지난 지금 꽃이 필 때는 우산을 펼쳐든 것 같이 아름다운 수형을 이루고 있다.

배롱나무는 흔히 목백일홍이라 하고, 나무껍질을 손으로 긁으면 가지 끝이 흔들린다하여 '간지럼나무'라고도 한다. 일본에서는 원숭이도 미끄러진다고 하여 '원숭이 미끄럼나무' 즉 '사루스베리

(猿滑り)라고 한다.

배롱나무는 햇순가지가 별안간 쭉 뻗으면 그 끝에 꽃망울이 달리고 원추형의 꽃송이를 내민다. 돌아가신 서강대 장영희 교수의 글에 어린 조카가 배롱나무에 핀 꽃을 보고 "와! 꽃대포다."라고 한 것이 기억에 남는다. 꽃대포로 표현한 어린아이의 관찰이 너무 신통하여 글에도 올렸으리라.

배롱나무는 열흘 붉은 꽃이 없다는 뜻의 '화무십일홍'(花無十日紅)을 거부한 나무라고 하지만 한 번 핀 꽃이 100일을 가는 것은 아니다. 새가지가 연이어 뻗으면서 가지 끝에 새 꽃송이가 달려 7, 8, 9월까지 100일을 계속해서 꽃을 피운다. 그래서 목백일홍이라고도 한다.

껍질이 벗겨지며 구불구불 자라는 나무줄기는 매끄러운 자태가 여인의 나신을 연상시킨다하여 양반집 안채에는 심지 않았다고 한다. 그러나 배롱나무가 껍질을 벗어버리듯 스님들은 세속을 벗어버리는 마음에서 절 마당에 심는단다. 그러니 보는 사람에 따라 만물의 뜻이 다르나 보다.

한 20년은 되었을까? 어느 날 밤 우리 내외는 TV에서 옛날극으로 만든 일본 영화를 보게 되었다. 그 영화에 나오는 주인

공 여자는 집이 너무 가난하여 홍등가에 팔려왔다. 아비의 손에 이끌려 온 그녀는 심성이 아주 곱고 부지런하여 포주 내외의 신임을 얻고 있었다. 영화의 줄거리는 그런 포주 내외도 감쪽같이 속은 고향에서 온 친오빠라고 하던 남성과의 사랑이야기다. 팔려온 몸이라 영영 풀려날 수 없는 암담한 처지에 둘은 누워서 어린 시절 함께 타고 놀던 마을 어귀의 오래된 배롱나무 이야기를 더듬어 간다. 영상에는 비치지 않고 둘의 대화로만 그려내는 배롱나무 추억은 영화를 보던 우리를 더 없이 가련하고 애달프게 하였다. 그때만 해도 지금과 같은 위성방송도 아니어서 처음에는 선명하던 화면이 밤이 깊어갈수록 흐려지고 대화도 분명하지 않았다.

배롱나무를 타고 놀던 천진난만한 그들의 유년기는 끝내 헤어날 수 없을 냉혹한 현실과 대비되어 더 슬프고 가슴 아팠다. 좀처럼 감정을 드러내지 않던 남편도 그 영화를 보고 배롱나무가 어떻게 생겼는지 무척 궁금해 하셨다. 그러나 나도 그때까지 배롱나무를 보지 못했다. 수피 없는 나무는 추위에 약해 중부 이북 지방에서는 잘 얼어 죽어 좀처럼 살지 못하기 때문이리라.

엊그제 조경수협회 워크숍으로 경주에 갔다. 마침 배롱나무에 대한 수필을 쓰고 있을 때여서 남쪽으로 가면서 차창에서도 한창 핀 배롱나무 꽃을 실컷 볼 수 있을 것 같았다. 잘하면 일본 영화에 나오던 아이들이 타고 놀만한 큰 나무도 볼 수 있지 않을까 기대도 하였다. 그러나 길가에 심겨진 나무들은 아직 모두 어렸고 목대도 너무 높았다.

그러다 유숙한 호텔 정원에서 좀 작지만 그럴듯한 나무를 한 그루 보았다. 그 나무는 수간이 곧추 서지 않고 지상에서 둘로 갈라지며 양쪽으로 비스듬히 기울어져 있었다. 영화에서 말하던 어린아이들이 타고 놀았다는 배롱나무도 그렇게 생기지 않았었을까? 그러나 굵고 오래된 그런 나무가 지금 있다면 몇 백 만원 호가할 텐데 아이들이 올라타게 하기는커녕 울타리를 쳐서 사람들의 접근도 막을 것이다.

묘역에 심는 나무로 중부 이남지역에서는 배롱나무가 좋을 것 같다. 나는 영감과 함께 본 영화로 연유해 산소 앞에 배롱나무를 심었지만 원래가 절이나 묘역에 심는 나무라 하니 심을 자리도 잘 선택한 셈이다. 추석 무렵에는 봄과 달리 꽃 피는 나무가 귀한 시기다. 그런 때 온 가족이 함께 모여 배롱나무의 화사한 꽃을 보면 모두가 즐거워할 것 같다. 배롱나무도 추석에 성묘 오는 착한 자손들에게 때마침 고운 꽃을 피워 찬사를 받으니 행복해하지 않을까?

(2011 .8. 28)

여정의 노래

먼저 가신 영감과 함께하던 지난날의 회상은 아직도 나에게 그리움보다 떨쳐버릴 수 없는 후회로 남아있다. 그는 병원에 입원하기를 싫어했다. 오랫동안 당뇨에 시달려온 영감을 내가 우겨서라도 종합병원에 입원시켜 고르지 못한 식단과 혈당치를 조절하여야 했었다. 그러나 그는 듣지 않았다.

어느 날 나는 의자에 올라가 냉장고 위의 물건을 집다 떨어져 연골에 손상을 입고 병원에서 수술을 받았다. 문병 온 영감에게 오셨던 김에 검사라도 하라고했지만 끝내 뿌리치고 그대로 돌아갔다. 그때 뇌경색이 올 수 있다는 무서운 앞날을 우리는 예측

하지 못했다. 그리고 10여 일 후 영감은 쓰러지고 1년여 병상에 계시다 가셨다.

지금도 영감이 읊어주던 시마자키 도오손(島崎藤村)의 시를 떠올리면 눈물이 난다. 8년 전 늦가을 우리 식구 모두는 소래포구로 갔다. 김장철이라 사람도 붐볐지만 승용차에서 내려 걷는 길도 멀었고 건너가야 할 나무다리도 너무 길어 힘들었다. 포구 식당에서 점심을 먹고 젓갈도 사들었지만 넘어 온 다리를 다시 건넌다는 게 여간 난감하지 않았다. 겨우 한 줄씩 오고갈 수 있는 허술하고 긴 나무다리를 지친 영감과 함께 가자니 아득하기만 했다.

그런데 돌아오는 다리목 노점에 야자열매가 보였다. 꼭지를 따서 빨대 두 개를 꽂아 3천 원에 사들고 우리 둘은 번갈아 한 모금씩 마셔가며 다리를 건넜다. 다리가 아파 힘들어 겨우 걷는 영감에게 두 팔을 내 어깨에 얹으라 하고, 나는 여학교 때 잘 부르던 시마자키 도오손의 시 「야자열매」를 부르며 앞서 걸었다.

이름도 모를 머나먼 섬나라서(名も知らぬ 遠き島より)
흘러 내려온 야자열매 하나(流れ寄る 椰子の實 一つ)
네 고향의 정든 기슭 떠나서(故郷の岸を離れて)

너는 그래 파도에 몇 몇 달을(汝はそも波に 幾月).

영감은 잠시 힘겨움을 잊고 이 시가 도오손이 근친상간으로 여론이 비등하자 일본을 떠나 프랑스에 가 있을 때의 시라는 것과 그의 또 다른 시 「치쿠마강 여정의 노래(千曲川旅情の歌)」도 줄줄 외우셨다.

나는 겨우 「야자열매」 한 구절, 그것도 노래 가사로나 알았는데 처음 들어 보는 도오손(藤村)의 시였다. 그 후 영감은 원평리 서재에서 일본 이와나미문고(岩波文庫)로 된 시마자키 도오손의 시집을 갖고 왔다. 내가 운영하던 식당에서 우리는 소리 내어 함께 읽어갔다. 나는 그 시가 너무 좋아서 마음에 드는 구절을 외우기 위해 되풀이 읽었다.

어제도 그러하고
오늘 또한 그렇거늘
이 목숨 무엇을 악착스레
내일만을 근심하나
아! 옛 성이여 무엇을 말하고
해안의 파도 무엇을 답하는가
지난 세월 조용히 돌아다보니
백년도 어제 같거늘.

"왜 요즈음 도오손 시의 열의가 식었나?"

얼마 후 영감은 근기(根氣)없는 나에게 말씀하셨지만 나는 건성으로 "나 요즈음 바빠요" 하고 자리를 뜨고 말았다. 이것이 영감 발병 두어 달 전의 일이었으니, 지금은 이 시에 얽힌 가슴 아픈 우리의 마지막 대화가 되고 말았다.

남편이기 전에 영감은 언제나 나에게 스승이었고 의지가지없던 나를 거두어준 은인이었다. 부모가 계셔 맺어준 것도 아니었지만 나에게는 너무나 과분한 분이기도 하였다.

나는 상금 아무 생각 없이 나들이에서 돌아와서도, 현관문을 열면 습관처럼 "여보 나 왔어요." 하고는 거실로 들어서며 한참씩 운다. 다시는 함께할 수 없는 그분의 빈자리가 참을 수 없는 외로움으로 나를 울린다. 날이 갈수록 더 그리운 것은 생전에 잘 보살펴 드리지 못한 죄책감에서겠지. 이제 다시는 만나볼 수 없는 안타까운 현실에 내 남은 여생 그 고마움을 글로나마 오롯이 남겨놓고 싶다. (2011. 2. 16)

벽걸이 세계지도

벽걸이 세계지도를 주문하여 현관에서 이어지는 거실의 구석진 벽면에 걸어 놓았다. 걸고 보니 남편이 살아서 돌아온 것 같이 너무 좋다.

남편은 자기 서재는 물론 지금은 철거된 호매실 식당의 작은 방에도 종이에 찍은 세계지도를 붙여놓았다. 그리고 내가 종종 신문에 나는 중동 문제들을 물어보면 세계지도 앞으로 데리고 가 자세히 가르쳐주곤 하였다. 남편의 해박한 지식은 무엇을 물어보아도 막히는 것이 없었다. 더욱이 중동문제는 아무리 작은 나라도 그 위치를 정확히 아셨고 돌아가는 정세에도 밝았다.

1945년 2차 대전이 끝나기 전의 내가 보고 자란 세계지도는 지금과는 나라 색깔이 전혀 달랐다. 세계지도의 3분의 1이 영국의 속령이라 캐나다, 호주, 인도와 아프리카 여러 나라들이 영국과 같은 연분홍색이었다. 유니언잭이 휘날리는 곳에 밤은 없다고 할 만큼 영국의 위세는 대단했다. 지금은 소비에트 연방도 무너지고 많은 나라가 주권을 찾아 독립하였다. 그러니 지도의 색깔이 제각기 다르다. 멀게만 느껴지던 각국의 소식은 위성과 GPS가 있어 그날로 전해오고, 요즈음은 외국에 가도 핸드폰을 국내와 마찬가지로 사용한다.

예전에 남편과 자주 보던 복잡한 중동국가들을 보기 편한 눈높이로 맞춰 벽걸이 세계지도를 걸어놓았다. 중동은 내가 자랄 때만 해도 아라비안나이트에 나오는 꿈같은 이야기 나라였다. '이란'도 그때 우리들이 한참 동경하던 나라였다. 그 시절 우리가 한참 애창하던 '사막의 달밤'이라는 일본어 노래가 있다.

달 밝은 사막의 머나먼 여정
나그네 길 낙타가 가고 있었네.
금과 은의 안장을 놓고
한 쌍의 낙타는 걷고 있었네.

금의 안장에는 왕자님이
은의 안장에는 왕자비가
두 마리의 낙타를 한 줄로 잇고
왕자님 뒤에는 왕자비가
넓은 사막의 모래언덕을
말없이 두 사람은 넘어 갔었네.

이란의 팔레비왕조의 몰락을 돌아본다. 세계를 떠들썩하던 찬란한 보석으로 꾸민 팔레비 왕과 소라야 왕비와의 대관식이었다. 그러나 후사가 없어 몇 년 후 본인들의 마음과 달리 끝내 헤어져야할 때 자주 실렸던 신문기사는 우리의 마음을 안타깝게 했다. 그리고 새로 만난 파라 왕비와의 사이에 삼남매를 두었지만 왕조는 무슬림 지도자 호메이니에게 축출되고 말았다. 팔레비 왕은 이듬해 망명지에서 암으로 죽고 그렇게 귀하게 얻었던 왕자도 얼마 전에 자살하고 공주는 오래전에 약물과다로 죽었다. 석유나 가스로 지하자원이 풍부한 나라도 지도자를 잘못 만나면 국민도 잘살지 못하고 행복하지 않았다.

인류의 역사는 땅에 의존한 농경사회나 목축업으로 시작되었다. 그러다 앞서나간 나라의 문명개화로 그 양상은 달라져갔다.

약육강식의 끊임없는 침략을 하면서 후진국은 쉽사리 침략의 제물이 되었다. 오늘날 세계는 미국과 소련의 오랜 냉전시대를 거쳐 바야흐로 중국의 국력이 기세를 높여가고 있다. 돌고 도는 지구의 눈부신 발전 속에 변하지 않는 나라는 없다.

세계지도를 보면 전에는 우리보다 잘 살았지만 지금은 가난한 나라로 전락한 나라도 많다. 그러니 오늘의 경제대국이 나중에는 빚더미에 올라앉아 살기 힘든 나라로 전락할 수도 있다. 자라나는 후손들에게 그들의 꿈을 펼칠 수 있는 살기 좋고 부강한 나라를 물려주고 싶다. 내가 자랄 때 같이 남의 나라를 부러워하며 살지 않았으면 하는 마음이 간절하다.

(2014. 5. 27)

부산 피난 시절

내가 월남하여 살던 부산의 남부민동은 바다 옆 산비탈에 길게 뻗은 마을이었다. 바닷물이 출렁대는 제방이 바로 길이어서 썰물 때는 물밑에 깔린 돌들이 훤히 보이고, 밀물 때는 제방 밑까지 찰랑찰랑 바닷물이 차고 있었다. 그러다 바람이 불고 바다가 요동치면 파도는 콘크리트바닥을 마구 때려서 길이 파이고 물이 고였다.

내가 살던 근처의 허술한 큰 창고에는 칸막이를 하고 여러 세대가 함께 살고 있었다. 갑자기 몰려든 피난민으로 집이 부족하니 모두가 어디든 판자를 이어대고 겨우 잠만 자고 밥이나 끓여

먹는 형편이었다.

본시 가난한 나라인데다가 사변까지 났으니 피난살이의 어려움은 이루 다 말할 수가 없었다. 그 마을에는 공동 우물 하나와 화장실이라곤 고작 판자로 막은 두 칸짜리 하나가 있을 뿐이었으니, 아침에는 볼일 보러 온 사람으로 늘 장사진을 이루었다. 우리는 좀 돌아가기는 하여도 집주인 것을 썼으니 그것만으로도 다행이었다.

이사 간 첫날 아침에 찰칵찰칵 가위 소리가 계속 나 창문으로 내다보니 엿판을 리어카에 얹고 나가는 엿장수들의 행렬이었다. 어디 있다 나오는지 꾸역꾸역 끝도 없이 요란한 가위 소리를 내며 이어지는 행렬은 정말 잊을 수 없는 진풍경이었다. 집세가 싼 곳을 찾아들었더니 그곳은 사변 전부터 어려운 사람들, 그 중에서도 엿장수들이 모여 살던 동네였다.

우리의 살림도 부엌세간은 찬장으로 쓰는 사과궤짝과 솥 하나, 알루미늄 그릇 몇 개가 있을 뿐이었다. 그때 남편은 H고등학교 영어 교사를 했다. 옷이라고는 군복을 물들인 옷 밖에 없었는데 학교에서 미국 구호품으로 받은 옷을 얻어 입고 얼마나 좋아했던지. 겨우 밥이나 먹을 정도의 월급이었다. 일주일에 두 번 받아오는 야간 강사료로 부둣가 시장의 떨이 생선을 사다 지져먹곤 하였다.

임신을 하고 심한 입덧에 힘든 나날을 보내다 어느 날 시장에서 김칫거리를 이고 오다 찐빵 파는 것을 보았다. 밀가루를 부풀려서 가운데에 건포도가 하나 박힌 세모난 찐빵은 그때 돈 5원이었다. 몇 번을 망설이다 그냥 돌아서며 떨어지지 않는 발걸음을 옮기며 뒤돌아보던 기억은 아직도 생생하다. 하루는 남편이 회식을 했다며 신문지로 만든 봉투에 불고기 몇 조각을 갖고 왔는데 숯불에 구운 고기가 얼마나 맛있던지. 항시 배고프고 허기져 살았다. 쌀이 부족해 늘 미국의 구호미에 의존하고 살던 그때, 굶주린 이 나라 백성의 아우성에 미국의회에서는 "한국 사람들은 왜 다른 먹을 것도 많은데 쌀만 고집하는지 모르겠다."는 웃지 못 할 이야기도 있었다.

서울이 수복되면서 학교가 서울로 오는 바람에 생후 한 달 반이 된 아기를 안고 1953년 9월 우리도 서울로 왔다.

그리고 60년 세월이 흘렀다. 그간 우리나라는 올림픽과 월드컵 경기도 치르고 작년에는 G20 개최국으로 세계의 정상들을 불러들였다. 피난 시절 어느 재미교포의 신문 기고에 높은 산꼭대기까지 켜진 불빛을 보고 고층건물은 제법 많다고 생각했단다. 그런데 아침에 보니 모두 다닥다닥 들어선 판잣집이어서 놀랐다고 했다. 아마 그분도 오늘날의 발전상은 예측할 수 없었을 것이다. 도시나 지방 도처에 고층 빌딩과 아파트가 널려있고 30평만 되어도 한 집에 화장실 두 개는 보통이다. 그리고 아파트가 있는 곳이면 대형 마트가 들어와 물건이 넘쳐나니 외국으로 관광을 가도 사올 만한 물건이 없다.

몇 년 전 중국 백두산 관광을 다녀왔는데 도시에서 벗어난 광야라서인지 화장실이 불편하여 매우 고생하였다. 돌아오는 북경공항에서도 화장실 앞에 길게 줄지어 선 모습을 보다 한국에 돌아오니 인천공항 곳곳에 즐비한 화장실이 얼마나 반가웠던지.

작년에 크루즈 여행에서 돌아와 부산에서 기차 시간의 여유가 있어 내가 살던 남부민동부터 찾아갔다. 그러나 마을 뒤 멀리 보이던 눈에 익은 산봉우리 모양만 아스라이 옛날 기억을 되살릴 뿐, 내가 살던 동네는 어딘지 짐작도 할 수 없었다. 마을로 드나들던 길도 몰라보게 변하고 지금은 많은 상가와 줄지은 자동차 행렬로 붐비고 약동하는 활기찬 모습만이 있었다.

(2011. 4. 13)

용 꿈

나는 지금도 낯선 고장에 가면 무심히 보아 넘기지 못한다. 혹시 내가 월남하여 정착할 수도 있던 곳은 아니었을까? 하고. 6·25 사변으로 혈혈단신 월남한 나는 서울에 와서도 수없이 여러 곳을 이사하며 살아왔다. 고향을 잃은 나는 언젠가 여유만 있으면 조용한 시골에 오래도록 연고를 갖는 고향집을 만들어 놓고 싶었다. 그리고 그곳에는 남들같이 물려받은 명품 진품은 없어도 내가 살다간 몇 가지 물건들, 내 손때 묻은 일기나 가계부 등을 남겨 놓고 싶었다.

40여 년 전 부산에 장기출장이던 남편은 내가 수원에 사놓은 땅을 와보고 못마땅해 하셨다. 길눈이 어두운 나는 낯선 곳에 사놓은 야트막한 임야를 쉽게 찾지 못하고 차를 끌고 얼마를 헤매다 겨우 찾았다. 그러니 한참을 돌았던 남편은 멀다고 영 심드렁하여 훗날 우리는 그것을 팔아버렸다. 그 땅을 팔고 다시는 사지 말라는 말에 너무나 속상하던 어느 날 밤 나는 지금까지도 또렷하게 잊히지 않는 꿈을 꾸었다. 용꿈이었다.

일본식 주택 양식에 도꼬노마(床の間)가 있다. 다다미를 깐 객실 윗목에 아름다운 장식 기둥을 세워 바닥을 한 뼘쯤 높게 만든다.

그런 도꼬노마에 용이 제 꼬리를 위로 감아 물고 웃는 눈으로 앉아 있는 꿈을 꾸었다. 그 무렵 주간 한국에 꿈 풀이가 연재되고 있었는데 어느 날 용이 제 꼬리 문 꿈이란 제목의 고딕 활자를 보았다. 벤젠이 벤졸 화학방정식을 발명했을 때 꾼 꿈이었다는 것이다. 그 후 나는 팔아버린 것보다 작지만 버스길에서도 사뭇 가까운 남향받이에 쓰러져가는 오막살이를 사게 되었다. IMF 막바지에 널어놓은 여러 가지 일로 도저히 버틸 수 없어 팔려고 내어놓았다. 그러나 옆에 있는 대학에서 터무니없는 헐값을 보아 겨우

위기를 모면한 우여곡절을 겪기도 했다. 아마도 그 꿈으로 해서 어려운 숱한 고비를 잘 넘기고, 아직도 그 땅만 지니고 있는 걸로 보아 일생에 한 번 꾼 꿈이 내 딴에도 대견하다.

오랜 세월 피륙 장사를 하시던 친정어머니는 항시 딸들을 봉급생활하는 사람에게 시집보낸다고 하셨다. 당신의 경험으로 너무 고생스러워서였겠지. 하지만 나는 월급의 여유 없는 생활에 지쳐 늘 기회만 있으면 일해보고 싶었다. 그래서 시작한 일들은 끝도 없이 늘어놓게만 되고 늘 많은 부채를 안고 허덕이게 되었다. IMF는 한참 달려온 나를 뒤돌아보게 했고 많은 걱정을 남편에게도 안겨드렸다.

이제 좀 여유 있는 생활을 할 것 같았을 때 영감은 가셨다. 고생만 하시고 가신 영감이 너무 안타까워 산소가 있는 이 산골에 따라와 살면서 지금도 혼자 많이 울고 지낸다. 마음만큼 현실은 따라주지 않아 나는 교회헌금에도 여전히 여유가 없어 부담스러울 때가 있다. 내 인생은 걱정 근심 없이 사는 날 없고 죽는 날까지 부대끼며 살아야 하나보다.

어제 신문에는 자살한 60대 노부부 이야기가 났다. 전세금을 빼서 사글세로 바꾸고 그나마 보증금도 자꾸 까먹어 300만원으로 줄었단다. 장례비로 남긴 듯 현금 50만원은 따로 발견되었지만 통장에는 고작 3천원이 들어 있었다고 했다. 하나 있는 아들과는 연락을 끊고 살았지만 지난 달 인하대 병원에 가 시신기증 서약서를 썼다고 했다. 동네 사람들도 몰랐다고 하니 왕래가 없었나보다. 사회와 가족으로부터 고립된 채 막다른 길로 가면서도 세상을 생각했던 마음이 눈물겹다고 했다. 유서에 남긴 "무엇을 향해 그토록 억척같이 살았는지 모르겠다."는 마지막 말에 신문은 인간이 맞닥뜨린 가장 무서운 절망을 본다고 했다.

신문을 보고 한참을 울었다. 남의 일 같지가 않았다. 황혼의 쓸쓸함이 가슴에 밀려온다. 우리의 삶이란 아무리 발버둥을 쳐도 영원히 남길 것도 없고 모두가 스쳐가는 것들뿐이다. 지나친 욕심일랑 내려놓자. 꼬리를 물고 있는 용꿈 덕인지 이만큼 오래도록 좋은 세상 살게 해준 것만도 감사한 일이다.

(2012. 6. 30)

백발이 된 어부 이야기

남편이 다니던 회사가 법정관리에 들어가고 아무런 준비가 없었던 우리에게 갑자기 닥친 남편의 휴직은 그렇게 무서울 수가 없었다. 20여 일을 뜬눈으로 새던 어느 날 우리 내외는 시간강사 자리라도 얻을 수 있을까하여 여의도 B교수님 아파트를 찾아갔다. 1시간이라도 맡아달라던 것을 뿌리쳤으니 이제 와서 부탁을 하는 것도 좀 염치없는 일이었다.

아파트 동대표 회의에서 돌아온 B교수는 늦은 저녁식사부터 하였다. 맞벌이 부부여서 가정부가 차려온 진수성찬에 새 아파트로 이사 온 B교수는 쪼그리고 앉은 우리와 달리 활기가 넘쳐

있었다. 그리고 안 되겠다고 잘라 말씀하셨다.

작별 인사를 하고 밖으로 나오니 어느새 날은 저물고 낯선 여의도의 모래사장은 짙은 어두움이 깔려있었다. 돌아갈 택시를 기다리던 모래밭에서, 나는 말없이 강 건너 도시의 불빛들이 길게 드리운 어두컴컴한 강물을 물끄러미 보고 있었다. 문득 어린 시절 배운 초등학교 교과서의 어부 우라시마타로가 떠올랐다. 그 책에 나온 그림처럼 백발의 노인으로 변모한 어부의 초라한 모습에서 내 자신의 몰골을 보는 것 같아 소스라쳐 놀랐다. 생각지도 않던 아득한 옛 이야기가 불시에 떠오른 것이다. 이제 지나간 세월은 모두 한낮의 꿈이었다.

바닷가에서 아이들은 거북을 잡아 괴롭히고 있었다. 그것을 본 지나가던 어부 우라시마타로는 아이들을 야단치고 거북을 바다에 놓아주었다. 어느 날 뱃전에 나타난 그 거북은 살려준 은혜의 보답으로 용궁구경을 시켜준다고 하였다. 어부는 거북의 등을 타고 용궁으로 갔다. 극진한 용왕의 환대에 세월 가는 줄 모르던 어부는 어느 날 두고 온 고향생각이 간절하여 돌아가겠다고 했다. 용왕은 돌아가는 어부에게 어떤 일이 있어도 열어서는 안 된다며 작은 옥함을 선물로 주었다. 돌아 온 어부는 살던 집도 동네도 온데간데없이 변해버린 고향의 모습에 너무 놀랐다. 어부는 당황한 나머지 용왕의 열어서는 안 된다는 말씀을 잊고 그만 그 옥함을 열었다. 그 속에서 금세 연기가 솟아오르더니 어부는 그 자리에서 하얀 백발의 노인이 되고 말았다.

고향을 잃고 친정이 없던 나는 정 붙일 새로운 고향을 만들고 싶어 그때 한참 유행하던 주말농장 분양광고를 보고 찾아갔다. 그러나 조성되지도 않은 엉성한 사업계획이 미덥지 않아 그 주변의 다른 것으로 사게 되었다.

그 후 남편의 실직으로 나는 그곳에 송아지를 길렀다. 농사일을 해본 적도, 집안에 노동력을 기댈 식구도 없으면서 나는 겁없이 낙농을 시작하였다. 때마침 새마을운동도 전개될 때여서 농촌에 대한 새로운 희망과 꿈은 있었다. 허름한 집을 축사로 고치기 위해 수원역전 제재소에서 얼마의 목재를 사놓았다. 함께 실을 쇠파이프는 한참 떨어진 구천동 시장에서 사고 운임이 아까워 메고 왔다. 세 정거장 남짓한 거리인데 생각보다 멀었다. 이른 봄 칼바람은 너무 추웠고 메고 가는 쇠파이프는 왜 그리도 무거웠던지.

1971년 2월말 세찬 바람에 몹시도 추웠던 그날도 잊을 수가 없다. 송아지 살 돈을 신문지에 싸서 외투 안주머니에 넣고 온 남편은 지금은 없어진 수원극장 맞은편 큰길 모퉁이에서 나를 기다리고 있었다. 운전기사 딸린 회사차에 그 화려하던 지난날은 간 데 없고, 이제 여편네 말에 따라 송아지나 사 키우자고 이른 봄 매서운 추위에 남편은 떨고 있었다. 나는 과연 생소한 일을 끌고 끝까지 갈 수 있을지 두렵기도 하고 불안하기도 하였다. 다행히 남편은 몇 개월 뒤 복직하였다. 그러나 그 후 27년을 나는 소를 키웠다. 잡목이 우거진 야산을 개간하고 논도 밭도 아닌 땅을 메워 사료작물을 심으면서 젖소 80여 두 한우 20여 두까지 길러내었다. IMF에 목장을 접고 그 땅에 조경수 씨앗을 부어 묘목을 길렀다.

지난날은 누가 뒤에서 잡으러 오는 것 같이 쉬지 않고 달렸다. 나는 아직도 여의도 모래사장에서 본 자신의 자화상이 기억에 생생하다. 그러나 추하지 않게 늙어가야지. 이제 남은 여생 남을 배려하고 내가 있어 누군가에게 힘이 되고 즐거워하는 존재로 살다 가고 싶다. (2011. 2. 10)

파주농원

파주농원은 외진 산골이라 자동차는 심심치 않게 다니지만 걸어 다니는 사람은 좀처럼 볼 수가 없다. 작년 봄에 일할 때였다. 웬 등산복 차림에 배낭을 메고 가던 분이 농약을 살포하는 것을 보고 있는 나에게 다가왔다. 자기는 운동 삼아 늘 이 길을 자주 걸어 다니는데 여기 오면 이 나무들이 자라는 것 보는 게 큰 즐거움이라고 했다. 나무 잎도 들쑥날쑥 예쁜데 나무 이름을 몰라 참 궁금했단다.

나는 그가 가리키는 나무가 우리말 이름인 대왕참나무 외 '핀오크'라고도 하는 외래수종(원산지 미국)이라고 알려주었다. 대왕참

나무는 가로수로도 손색이 없지만 요즈음은 건물이 높아감에 따라 나무도 키 큰 것을 선호한다. 서울 시가지 한복판에서 본 대왕참나무로만 무리지어 심은 군식(群植)은 아주 멋스럽고 높은 건물과 잘 조화를 이루고 있었다.

경사면에 함께 심은 200여 주의 나무는 20여 년 전 일본여행에서 처음 본 팥배나무다. 가을 공원에 온통 붉은 열매로 덮여 있던 팥배나무는 퍽 인상적이었다. 그때부터 나는 아름다운 팥배나무에 매료되어 꼭 한 번 심어보고 싶었다. 팥배나무는 꽃, 열매, 단풍이 모두 고운데다 수형도 정연하여 정원수로서의 요소를 두루 갖추고 있다.

대왕참나무의 이국적인 나뭇잎과 더불어 봄이면 흰 꽃을 덮어쓰고 초가을부터 맺는 붉은 열매와 고운 단풍으로 물드는 팥배나무는 왕래하는 행인들의 눈요기가 될 것 같아 벌써부터 나는 즐겁다. 내년에 올 때는 나무 이름 적은 팻말도 잊지 말고 꽂아놓아야겠다.

파주농원은 40여 년 전 영감이 회사동료와 함께 별장 터로 사놓은 땅이다. 70여 명이 750평씩 분할하여 별장을 짓는다고 샀지만 아무도 그곳에 집을 지은 사람은 없었고 지금도 원시림 그대로 모두 방치되어 있다. 나는 영감이 사놓고 가신 땅을 내가 살아서 농원으로 꾸미기로 마음먹었다. 5년 전에 수종갱신 허가를 받고 이듬해 당진에서 기르던 대왕참나무와 팥배나무 묘목 두 종류 700주를 파주농원에 옮겨다 심었다.

6월에 들어서면 나무들에 해충이 생기는 시기다. 제초도 해주고 소독을 해야 나무도 지장 없이 잘 자란다. 나무를 휘감고 올라간 넝쿨을 뜯어내면서 "이제 너를 옥죄인 놈들을 떼어내니 시원하지."라고 말하는 내가 더 기분이 좋다. 그리고 쓸모없이 자라 위로 뻗은 상향지와 밑으로 뻗은 하향지도 잘라준다. 나무는 심어 놓기만 하면 되는 것이 아니라 사람의 손이 가야 보기 좋은 나무로 커간다. 그중에는 그다지 손이 가지 않아도 수형이 좋은 나무도 있다. 나는 그런 나무를 볼 때면 미스코리아로 선발된 미인들을 생각한다. 처음부터 적당한 위치의 가지 뻗음과 저절로 균형을 잘 잡은 모양을 보면서 아름다운 육신을 갖고 태어난 인간의 겉모습과 비교해 보기도 한다.

드문 경우지만 보통은 곧게 위로 뻗는 은행나무가 S자 모양으로 휘어져 그래서 더 멋있는 나무도 보았다. 몇 년 전 회원사 농원에서 본 은행나무는 주간(중심대)이 옆으로 많이 휘어져 있었다. 은행잎이 휘어진 가지 밑으로 조롱조롱 매달려 있어 나뭇잎을 보지 않고는 은행나무인 줄도 몰랐다. 너무 신기하고 아름다워 주인에게 물어보니 시골 어느 집 외양간에 밀려 천덕꾸러기로 고생하며 자라던 나무를 사왔단다. 옮겨 심은 농장에서는 흙을 돋아 한층 높여서 사람의 눈에 잘 뜨였다. 그런 나무는 임자를 만나면 부르는 게 값이라지만 그분은 생전에 팔 의향이 없다고 하였다.

내 경험으로 나무만 팔아서 생계를 유지하기는 힘들다. 그러나 여러 가지 일들을 해보았지만 소득을 떠나 나에게 나무 키우는 일만큼 정신적인 위안을 주는 일도 없었다. 그리고 그 덕에 조경수협회에 가입해 해마다 국내의 잘 가꾼 농원과 세계 각국의 공원이나 가로수를 실컷 구경하였다.

몸을 움직일 수 있을 때까지 일할 수 있는 직업으로 나는 단연 농원을 꼽는다. 세상 어디에 거동할 때까지 나이에 구애 받지 않고 일할 수 있는 직업이 있을까? 무슨 일이든 할 일이 있다는 것은 즐거운 일이다.

오늘도 나는 파주농원 앞자락에 내년 봄에 갖다 심을 꽃나무를 생각해 본다. 잡초에 치이지 않을 작은 키 낙상홍과 참빗살나무 몇 주를 빈자리에 심어볼까? 운동하러 다니면서 내가 심은 나무들을 눈여겨보는 사람들이 있어 고맙다. 그분들이 아름다운 농원을 가꾸고 싶은 내 의욕을 더 부추긴다. (2014. 9. 22)

내 삶의 기록

어느덧 세월은 흐르고 지금 내게 남은 것은 그저 2권의 금전출납부 밖에 없다. 어쩌면 그것은 알맹이 없는 껍데기이지만 내가 걸어온 발자취기도 하니 금전출납부는 나에겐 가장 소중한 내 나름의 역사다.

여학교에 다닐 때 한 달에 한 번씩 있는 금전출납부 검사는 고역이었다. 학교도 걸어 다녔고 용돈이라고 따로 받아본 적이 없는 우리들은 한 달 치 금전출납부 제출은 귀찮고 부담스러운 과제였다. 우리는 거짓을 꾸며 쓰던지 기숙사에 들어있는 친구의 것을 베끼곤 했다. 그러나 그때 금전출납의 개요(槪要)가 내 머리에 깊이 박혔고 장차 내가 살아가는 데 많은 도움이 되었다.

내가 가계부를 쓰기 시작한 것은 결혼하고도 15년이 지나서부터다. 겨우 먹고 사는 살림은 25일에 받는 월급으로 그 달을 채우기도 빠듯하였다. 늘 적자 생활을 하다 보니 여성지 부록으로 나오는 예쁜 가계부도 쓰다 말다 잘 이어지지가 않았다.

그러다 40이 넘어 한때 남편이 직장을 잠깐 쉬게 되고 내가 일하게 되니 금전출납부가 일상의 큰 비중을 차지하게 되었다. '구슬이 서 말이라도 꿰어야 보배'라는 속담이 있다. 아무리 좋은 솜씨와 훌륭한 일이라도 알뜰하게 끝을 마무리해야 쓸모가 있다는 뜻이다.

매일 기재하는 장부도 1개월분 합계를 한눈에 볼 수 있게 한 장으로 요약하고 6개월 치를 하나로 묶고 한 해의 결산을 한 장으로 뽑아야 수입과 지출을 확실히 알 수 있다. 나는 새로운 일을 시작할 때마다 어떻게 장부를 꾸며야하나 골똘히 생각한다. 한 장으로 요약한 그 해의 결산은 바로 내가 일한 흔적이기도 하고 그 일의 성과이기도 하다.

1997년 대통령선거가 한창 시끄럽던 시절 당선자 예측을 불허하는 불안한 시기에 무엇에든 몰두하지 않으면 견딜 수가 없어 동네 어린아이들이 다니는 컴퓨터학원에 가서 장부를 정리할 수 있는 엑셀부터 배웠다.

2003년 여름은 농협에 많은 부채를 지고 허덕이던, 너무나 숨가쁜 시기였다. 그때 나는 컴퓨터가 보급되기 전 30년간을 손으로 써 둔 금전출납부를 컴퓨터로 정리하였다. 이사 와서 풀지도 않았던 라면상자 4개분을 3개월여에 걸쳐 컴퓨터에 수록하였다. 목장, 서점, 빵집, 식당 그리고 25년째 이어오는 조경수 농원의 모든 상황을 그 해의 가계부 연차별 사이에 끼워 넣었다.

그날의 지출을 정리하지 않고는 다음 날을 시작할 수 없는 습관이 46년을 이어오고 지금은 가계부 파일도 2개가 되었다. 그 파일의 첫 장에는 우리 가족의 연도 별 연령 표와 6·25때 헤어진 친정 식구의 연도 별 나이도 기록하여두었다. 가끔 궁금한 것이 있으면 지금도 이것들을 뒤져본다. 살아 있을 동생들의 나이나, 어느 지인에게 보낸 조의금으로 그분의 돌아가신 확실한 해도, 큰돈을 들여 산 물건 값도 연도를 짚어 쉽게 찾아보곤 한다.

해가 바뀌고 올해도 꼬박 사흘 동안 지난 해 금전출납부를 정리하였다. 작년과 달리 오래 컴퓨터 앞에 앉아있으니 어깨가 몹시 아프다. 앞으로 언제까지 이 일을 계속할 수 있을지는 모르겠다. 어느 누가 보자거나 따지지도 않지만 내가 살아있는 흔적을 고스란히 남길 수 있기에 나는 이 일을 계속한다. 오늘을 정확하게 기록하는 것이야말로 내일을 평안히 맞을 수 있는 자의 준비이기도 하니까. 하여, 아직 이 일을 계속할 수 있다는 것에 감사하며 살아간다. 오늘은 모처럼 주일이라 교회에 가서 올해도 무사히 이 일을 마친 것에 감사하는 기도를 드려야겠다.

(2014. 1. 5)

3.

꿀이여 다시 한 번

80이 넘어 시작한 수필공부

애경백화점에서 창작수필 강좌가 있다는 딸의 전화를 받았을 때 나는 눈이 번쩍 뜨였고 얼른 등록하라고 일렀다. 동창친구들 중에 합창단에 다닌다는 말은 들었어도 수필공부 하는 데가 있다는 말은 처음 듣는 소리였다. 길을 몰라서였지 너무 배우고 싶었던 공부였기에 내 나이도, 추운 겨울의 오고 갈 교통도, 남에게 보일 글재간도 없으면서도 아무 망설임이 없었다.

영감이 세상을 뜨고 당진으로 이사 올 때만해도 지나온 날들과 살아가는 일상을 글로 남기며, 외롭고 적막할 여생이나마 보람 있게 살아가리라 마음먹었다. 그러나 막상 긁적거리다 보면 잡다한 글들이 짜임새 없이 널려져만 있었고, 두서없는 글들은 간추리지 못한 채 그나마 손 놓고 있었다. 아직도 소설이나 성경은 한자가 섞여있는 일본어가 더 읽기 쉽고 빠르다보니 우리말 어휘도 부족하다. 생각나는 것들을 써 봐도 마음에 들지 않아 요즈음은 공부하지 않고는 자신에게도 흡족한 글은 쓸 수가 없겠다고 절실히 느끼고 있던 참이었다.

먼저 떠난 영감에 대한 애절한 그리움. 죽음이 더 이상 아무것도 허용하지 않는 허망한 자책들. 살아서는 한 번도 입에 올리지 못한 남편에 대한 애틋한 정과 고마움을 글로 남기고 싶다. 그리고 더 기억이 흐려지기 전에 다시는 돌아갈 수 없는 내가 자란 고향산천과 헤어진 가족들에 대한 그리움도 더듬어 보고 싶다.

지금은 장례식장이 곳곳에 있지만 40여 년 전, 시숙부님이 돌아가실 때만 해도 집에서 장례를 치렀다. 아직도 내가 잊을 수 없는 것은 시신을 가린 병풍에 걸쳐놓은 친구 분들이 보낸 만장이다. 울긋불긋 원색의 긴 천에 붓글씨로 쓴 여러 문구 중에 "이제 가면 어느 산 깊은 골, 낯선 땅에 홀로 잠들어야하나" 붉은 바탕에 한자로 내려 쓴 만장은 산 자와 죽은 자의 헤어짐을 더 없이 슬프게 했다.

영감이 가시고 9개월 후 나는 영감이 묻힌 이 산골의 유실된 산자락에 흙을 돋아 집을 짓고 이사하였다. 먼저 가신 그분의 홀로 계실 외로움을 덜어드리고 내 슬픔도 가까이에서 조금은 위안을 받을 것 같아서였다.

그리고 지난 5년 간 이 산 구석구석 사람의 손이 안 간 데 없이 나무도 심고 묘목도 길렀다. 차가 정상까지 올라갈 수 있게 구불구불 작업로(路)도 내고 내려갈 때 몇 번이나 미끄러지던 비탈길에 경계석으로 돌층계도 만들었다. 네모진 봉분과 비석은 아주 낮고 작게 만들어 언제 올라가도 무섭지 않고 살아 있는 사람이 접근하기 쉬운 아늑한 쉼터로 꾸며 놓았다.

이제 겨울의 끝자락부터 집 앞에 바위로 쌓아 만든 화단에 꽃이 피기 시작하겠지. 가느다란 잎에 앙증맞은 꽃을 피울 수선화, 어린 시절 고향의 산자락에서 낯익던 할미꽃, 진분홍색을 반씩 덮어쓰고 조롱조롱 매달린 금낭화, 소나무 밑창을 가득 메운 산비탈의 빨간 대왕철쭉 등 혼자 보기엔 너무도 아까운 연달아 피는 봄의 향연도 글에 담고 싶다.

1주일에 한 번씩 듣는 교수님의 수필 강좌는 나에게 많은 도움도 되고 너무 재미가 있다. 함께 듣는 여러 문우들의 작품을 읽으며 수정도 하시고 보충도 해주시는 노련한 교수님의 강의에 때로는 감탄이 절로 난다. 어디가면 이 나이에 글공부하는 문우들을 이렇게 가까이에 만나 보람 있고 즐거운 시간을 보낼 수 있을까.

마음에 품은 이야기들을 아름다운 필치로 그려내고 싶다. 보드라운 새싹같이 야들야들한 감성으로 세상사를 보고 싶다. 다만 세월이 야속하다. 어느새 이렇게 늙고 찌들어버렸으니 나무 껍데기 같이 굳어버린 감정은 쉽게 감동도 없다. 60여 년 전 평양에서 공부하던 한창 젊은 시절 이런 공부를 하였으면 얼마나 좋았을까? 어렵사리 문과에 들어갔어도 어느 시간이고 똑같은 "일찍이 레닌이 말씀하기를"로 시작하는 수업은 언제나 막스, 레닌 사상 일색이었다. 사람의 감정을 전혀 도외시하는 문학 수업에 나는 공부하고 싶은 의욕을 잃었다. 여기서는 중고등학교 시절부터 접하는 김소월의 '진달래'도 그곳에는 책도 없거니와 전혀 들어보지도 못하였다.

80이 넘었으니 언제까지 거동할 수 있을지 몰라도 열심히 공부하여 유례없는 격동기를 살아온 이야기들을 수필 한 권에 엮어보고 싶다.
(2011. 1. 27)

봄이 오는 길목에서

봄이라고는 하지만 아직은 화단도 스산하고 볼품이 없다. 엊그제만 해도 느닷없이 광풍이 불어 단단히 묶어 놓은 플라스틱 가리개도 날려버릴 정도였다. 그런데 오늘 아침 개밥 주러 나갔다가 화단을 보니 지난해의 마른 잡초 속에 수선화 잎이 제법 자라고 꽃을 품은 꽃대도 함께 올라오고 있었다. 작년에 분주하여 지줏대에 묶어놓았던 금낭화를 찾으니 검붉은 새싹이 한 움큼 흙을 밀고 그 모습을 드러내고 있지 않는가.

오늘 아침만 해도 "이래도 한세상 저래도 한평생" 윤심덕의 '사의 찬미'를 흥얼거리며 눈물을 찔끔거렸는데 움트는 새싹들을 보니 모든 시름이 가시고 생명의 강인함에 경이로움과 벅찬 희망에 젖어든다. 건축경기가 없어서인지 나무가 안 팔리고 일할 의욕이 없어 나와 보기도 싫던 터였다.

내가 축산을 접고 소먹이 사료작물 심던 밭에 조경수를 심기 시작한 지도 벌써 25년. 종묘상은 나무에 문외한인 나에게 기르기 어려운 나무종자를 안겼다. 자리도 많이 차지하고 가지 하나만 부러져도 쓸모가 없는 층층나무, 구부러져 수형을 잡기 어려운 모감주나무, 키 작아 볼품없는 옥측백을 시작으로 경험도 없는 나에게 노지에서 싹 트기 어려운 주목종자도 보내왔다. 그것도 요구하는 대로 몇 백 만원 선금을 건넸으니 무모한 시작이었다. 종자상도 양심은 있었는지 나중에 아주 귀한 종자라면서 복자기 씨앗 한 가마니를 갖고 왔다.

이렇게 큰돈을 들였기에 늘 밭에 나가 살았다. 책을 사다 보기도 하고 나무 사러 오는 사람에게 가지치기를 배워가며 커가는 나무를 다듬어 갔다. 이제 수원에서는 내가 기른 나무라면 모두가 알아줄 정도로 수형 좋은 나무로 길러 냈다. 나무에도 유행이 있어 층층나무가 나갈 무렵에는 찾는 사람이 많아 나중에는 밭떼기로 모두 넘겼다. 주목 종자만 실패하고 복자기는 두고두고 오래도록 팔았다. 그러고 보면 층층나무와 복자기가 우리 농원의 기초를 이루어준 셈이다. 2002년 월드컵을 앞둔 4년과 그 후 6년은 많은 나무를 팔았다. 지금 생각하면 겁 없이 일하고 뛰어다닌 활기찬 사절이었다.

지난해 이른 봄에는 한 밭 가득한 소나무를 전정하였다. 멋모르고 산 젓가락만한 소나무묘목을 10여 년 넘게 구부러지게 곡(曲)을 주며 다듬었는데 나무가 커가면서 너무 지쳐 3년을 그대로 방치했다. 볕을 못 본 아래 가지는 서로 엉키며 말라서 죽어갔다. 자칫 잘못 다듬을까 염려되어 기술자를 불렀다. 두껍게 떡잎이 져서 처진 밑가지를 털어버리니 적송(赤松) 특유의 휘어진 목대가 드러나 너무 아름다웠다.

소나무를 전정하는 기술자들은 자기 스스로 예술가라고 자처한다. 손이 많이 가는 소나무는 대량으로 기르는 것이 아니었다. 속성수와 달리 한 번에 팔리는 수량도 적다. 이제 새잎이 돋아난 2, 3년 후까지는 팔려야하는데 다시 또 전정하게 되는 그때쯤이면 자리도 비좁아 이식도 해주어야할 것 같아 걱정이 된다. 내가 살아서 갖고 있는 소나무 절반만 팔아도 성공한 농원인데….

외진 산골에 강아지와 함께 사니 때로는 교통도 좋고 파출부도 쉽게 부를 수 있는 아파트에 이사 가고 싶다. 그러나 생활이 편하다고 이것들을 두고 간다고 무슨 재미가 있을까…. 혼자 밥 해먹을 수 없을 때까지 여기서 살아야지. 나는 그래도 말년에 얻은 직업으로 조경수를 기르는 농원을 택하기를 너무 잘 했다. 거동을 할 수 있을 때까지 정년도 없이 농원을 돌보고 때로는 새싹들의 움틈에서 나 살아 있음에 감동하고 '봄을 기다리는 그 마음'을 어느 직업에서 얻을 수 있을까. (2013. 4. 9)

서해대교

내가 자주 다니는 수원에서 당진으로 가는 길에 서해대교가 있다.

나는 이 다리를 건널 때마다 마음을 가다듬고 차창 밖을 본다. 파란 하늘에 여기저기 떠 있는 하얀 뭉게구름은 햇빛을 받아 더 없이 아름답다. 시선을 가로 막는 아무 장애물도 없으니 서해대교는 영락없이 구름을 가로질러 쭉 뻗은 '하늘 길'이다.

그 다리 중간에는 와이어로 당겨 맨 우뚝 솟은 커다란 문기둥이 있다. 나는 이 문기둥을 지날 때면 천상의 문 같은 착각에 사로잡힌다. 머리 숙여 나열한 좌우의 가로등은 흡사 주 탑인

문을 호위하고 있는 병사 같고, 문을 통과한 저쪽에는 나를 심판할 절대자가 계실 것 같다. 죽었다 살아난 사람이 없으니 알 수는 없지만 육체를 떠난 영혼은 한참 그 방의 천장을 맴돈다고 한다. 방금 빠져나온 자신의 유체를 내려다보니 그 옆에 자기의 피붙이들이 울고 있는 광경도 보인단다. 얼마 후 그 영혼은 혼돈한 우주에서 한 줄기의 빛을 뒤따르다 쭉 뻗은 하늘 길을 만난다. 그 길을 가노라면 우뚝 솟은 장엄한 천상의 문에 도달하게 될 것이다. 영혼의 향방을 그려보던 지난날 해가 기운 음침한 석양을 보면, 어느 날 내 육체를 떠나갈 영혼의 저승길을 떠올리곤 했다. 그러나 요즈음 새로 개통한 서해대교에 들어서면, 명료한 철탑 구조물을 눈앞에 보고 자못 숙연해진다.

작년에 크루즈여행의 기착지 일본 나가사키(長崎)에서 점심을 먹었다. 잠깐 시간이 남아 바로 옆 서점에서 『잘 살고 잘 웃고 좋은 죽음과 만나자』와 『죽어가는 자의 예의』란 책 두 권을 사 왔다. 죽음도 맞을 준비가 필요하기에 많이 읽어야겠다.

케네디 대통령부인 재클린 여사가 눈 감기 전 자기의 병시중을 든 주변 사람들에게 수고하였다고 인사한 신문 기사는 나를 많이 감동시켰다. 삶을 깨끗이 내려놓고 다가오는 죽음을 그대로 받아

들일 수 있는 모습은 남은 사람들에게도 안도와 위안이 되리라.

간암 말기에 날로 쇠약해가는 어쩔 수 없는 처지에서도, 애써 나는 죽지 않는다고 호기를 부리다 가시는 분을 보았다. 50여 세의 젊은 나이였으니 갑자기 닥친 엄청난 사실에 미처 아무 생각도 못하셨으리라. 자식들에게 많은 재산을 남겨 놓았으니, 죽는 자신만 억울하다는 생각에서 헤어나지 못하고 가셨을 것이다.

80이 넘어도 "나 이제 갈 때가 되었다"고 말하는 사람은 없다고 한다. 좀 더 살고 싶다고 울부짖으면, 그 이상 해줄 수 없는 남은 가족의 마음만 오래도록 아프게 할 것이다.

죽음은 누구에게나 오는 필연의 귀결인데 초상 치른 사람은 3년이 지나야 방문이 허용되는 어느 재벌집도 보았다. 혈육을 떠나보낸 슬픔과 허망함은 인간관계에서만 치유될 텐데 3년이란 긴 세월은 너무 매정하다. 죽음은 상서롭지 못한 종말이 아니다. 죽음을 금기시하고 멀리하기보다, 따스한 삶의 또 다른 과제로 인식하는 것이 낫지 않을까?

나는 서해대교를 지나면서 사소한 일상에도 감사를 하게 된다. 황혼의 인생길에 더 이상 삶의 미련이나 집착보다, 맑고 여유 있는 죽음을 맞고 싶다는 생각이 들기 때문이다.

(2011. 3. 28)

꿈이여 다시 한 번

얼마 전 KBS 가요무대에서 듣던 '꿈이여 다시 한 번'은 새삼 내 가슴을 울리고 눈물짓게 한다. 하얗게 타고 남은 잿더미에서 불씨를 찾아 헤집는 요즈음의 심정 같아서일까? 지금은 지난날과 같은 패기도 열정도 사라지고 언제나 내 편이 되어 주셨던 영감도 가셨으니 서럽기만 하다. 늙고 초라한 자기 연민에 빠져 노래가사를 되뇌며 몇 번씩 반복하여 불러본다. 그리고 눈물짓는다.

빵집을 하던 어느 해 여름, 팥빙수에 얹을 팥을 삶으면서 영감에게 "나는 딸아이 유학 끝내면 농원도 일부 정리하여 여행이나 다니면서 살 거야!" 그러나 듣고 있던 영감은 대뜸 "당신은 아직 멀었어."라며 자기 고집대로 일만 벌여놓던 내 말을 받아주지도 않았다. 그 후 20년이 지난 몇 해 전 봄 40년을 전혀 돌보지 않던 파주 임야를 꾸며 놓은 것을 보면 "멀었다"던 그 말씀도 틀린 말은 아니었나 보다.

40년 전 남편은 친구의 권유로 미국 유학한 친구들과 지속적으로 연락하며 친목을 도모하기 위한 모임에 들었다. 그러나 이들 중에 처음부터 의도적으로 산을 팔아먹을 계획을 가진 사람이 있었던 것 같다. 딱 한 번 버스를 대절하여 가족동반으로 임진각에 가 어느 미군부대에서 점심을 먹었다. 그리고 우리들은 진입로도 변변치 않는 쓸모없는 임야를 별장지로 공동구매 하게 되었다. 산 밑에 공릉의 저수지가 있어 좋다고 하였지만, 막상 꼬불꼬불 한참 올라간 그 산에서 저수지는 멀었고 산에 가려 보이지도 않았다. 800평의 땅값을 치르고 750평씩 등기를 하고 공동용지라는 명목으로 50평도 떼어간 채 40여 년 그 땅은 그대로 방치되었다.

나는 영감이 사 놓은 이 버려진 땅을 내가 살아 있을 때 농원으로 꾸미기로 마음먹었다. 그 땅은 인근에 군부대까지 들어와 지금은 별장은커녕 수종갱신도 복잡하고 까다로웠다. 측량을 하고 벌채허가를 받아 오래된 굵은 나무를 모조리 베어냈다. 그리고 2009년 새로운 수종으로 대왕참나무와 팥배나무 묘목 700여 주를 심어 놓았다. 금년 이른 봄에는 죽은 나무 100여 주를 다시 보식하였다. 줄지어 심어놓은 묘목들은 제법 커서 올해부터는 어지간한 잡초도 이겨낼 수 있을 것 같다. 비료도 주고 삐딱하게 기운 것은 지주를 세워 바로 잡아주니 보기도 좋고 일한 보람이 있어 뿌듯하다. 우리 주변에서 함께 구입한 분들의 산은 모두가 매입당시 그대로 방치되어 있었다.

하루는 친구에게서 전화가 왔다. "누구에게 주려고 쉬지 않고 일만하느냐? 무리 하지 말라"고 충고한다. 영감도 지난날 자주 말씀하시던 귀에 익은 말이었다. 일을 한다는 것은 반드시 자식들에게 남겨주기 위해서만은 아닐 것이다. 그러나 내가 요즈음 실의에 빠진 것은 뚜렷한 목적이 없으니 살아가는 의욕을 상실한 데서 오는 것 같다. 자식들에게 야속하고 서운할 때면 지난날 영감이 계시던 시절이 몹시도 그리워진다.

동창 친구 중에 남편을 여의고 편히 살아야겠다며 고급 실버타운에 들어간 친구도 있다. 오랫동안 교직에 몸담고 있었으니 연금도 나오고 밥해먹기 귀찮아서라고 한다. 그러나 나는 아직 할 수 있는 일이 있다는 것을 다행으로 여긴다. 일의 끈을 놓지 않고 일꾼들의 식사 뒷바라지를 해줄 수 있을 때가 그래도 살맛이 난다. 늙어버렸다는 것은 더 이상 그런 일을 할 수 없게 되었을 때가 아닐까?

작년 겨울부터는 컴퓨터로 자판을 두드리며 수필을 쓸 수 있다는 것도 노년에 얻은 큰 즐거움이다. 그런 강좌가 있는 줄 몰라 자칫 놓칠 뻔했던 수필공부였다. 무심한 꽃나무에도 내 마음의 이야기꽃을 피워 꺼져가는 불씨에 불을 댕겨야지.

"일곱 빛깔 무지개가 흐느껴 우-네/ 꿈이여 다시 한 번 내 가슴에 오너라." 소리 높여 부르며 그저 살아 있는 날에 감사하자. 그것이 언제까지일지는 몰라도. (2011. 4. 23)

컨테이너 속의 서랍장

아직도 나에게 지난날의 추억들은 그저 그립고 애틋하고 가슴 아픈 사연으로만 남아 있다. 당진에 살림집을 짓기 전의 일이다. 자질구레한 연장이나 일용품을 두기 위해 산 밑에 컨테이너를 사다 놓았다. 그리고 그 안에 혹시 일하는 분들이 수원에서 와 자더라도 필요한 침구와 함께 집에서 쓰던 서랍장도 갖다 놓았다.

2001년 7월의 어느 날 일이다. 서랍장 정리를 하다 밑에 깐 오래된 신문지를 갈려고 들었더니 그 밑에 하얀 봉투가 있었다. 그 봉투에는 50만원 가까운 새 지폐가 들어 있었다. 웬 돈일까? 그 서랍장을 갖다 놓은 지도 오래 되었고, 그 사이 일하는 사람도 두어 사람이 며칠씩 그 컨테이너에 묵고 갔었다. 나는 그때까지 그대로 그 돈이 남아있는 것만 신기하였다. 집으로 돌아와 영감에게 말했더니 한참 만에 "그게 내 돈일 거야"라고 하셨을 때 나는 비로소 알아차렸다. 언제나 돈을 쓰기보다 모으기만 하던 분이었다. 그것도 항상 새 지폐로 바꿔가면서. 그러니 모으는 재미가 쓰는 재미보다 나았으리라. 언제나 일을 벌이고 돈에 쪼들리던 나는 발견한 대가로 반반 나누자고 하였다. 모두 드리지 않고 반만 드린 것이 지금은 몹시 후회가 된다.

세월에 안주하고 더 그렇게 이어질 것만 같던 우리 생활도 그 후 몇 년 못가 영감이 병이 났다. 병원에 입원하고 소지품을 뒤져보니 지갑에 새 지폐로 10여만 원과 당신 통장에 2,700만원을 모아 두고 있었다. 그런데 평소에 통장은 딸에게 알려 주었는데 도장은 어디 두었는지 몰랐다. 무더운 여름 날 나는 아파트 당신 방에 들어가 뒤졌지만 첫날은 못 찾았다. 비밀번호는 나에게도 늘 통장 뒤에 일본글 카타카나로 적어놓으라고 일러주셨지만, 도장을 어디 두었느냐고 물었어도 그땐 이미 정신도 흐리고 말씀도 못하셨다. 다음 날 아침부터 차근차근 찾아보았더니 화장대 맨 위 서랍 구석에 낯익은 상아 도장이 도장집도 없이 알몸으로 댕그라니 놓여있었다. 농협에서 찾은 그 돈은 영감

가시는 길에 병원비, 간병인비 등으로 요긴하게 쓰였다. 그리고 애초에 딸에게 사준 작은 화장대는 딸의 것이지만 영감 도장을 간직하였었기에 너무 소중하여 이사 올 때 당진 내 침실에 갖다 놓았다.

나는 돈을 보면 잘 쓰고 본다. 그리고 돈을 쓰고 나면 아무리 어렵고 힘든 일이라도 쉽게 도전해본다. 평소에 시작하기 끔찍하여 미루고 왔던 일도 돈을 쓰고 나면 힘 들이지 않고 달려든다. 쓰고 난 돈을 생각하면 힘든 일이 없어진다. 그러나 영감은 그저 돈만 아끼고 안 쓰는 것을 더 즐겼다. 당신이 안 쓰고 가신 돈을 아플 때 내어놓지 않아도 우리가 어떻게든 마련하였을 텐데. 생전에 자신을 위해 쓰고 가셨으면 이렇게 가슴 아프고 오래도록 서러워하지는 않을 것 같다.

언젠가 영감이 느닷없이 돈 1억을 만들어 달라고 했다. 나는 그때 조금만 기다리라고 하였는데 그만 영감이 돌아가시고 한 달도 못가 토지 보상금이 나왔다. 너무 허망하고 맥이 풀렸다. 당신이 그렇게 원하시던 그 돈을 안겨드리지 못하고 보낸 것이 아직도 한스럽기만 하다.

부산 피난 시절, 어느 출판사에서 받은 요즈음 돈 10만여 원을 지갑도 없이 호주머니에 넣고 걸으며 돈이 있으니 걸음이 잘 걸리신다던 당신!

서울에 살던 때였다. 장군으로 승진한 동창생 댁에 초대되어 여럿이 갔는데, 장군 부인이 현관에 벗어 놓은 신발을 가지런히 챙길 때 자기의 낡은 구두가 무척 민망하였다던 당신!

8·15해방 후 어머님께서 건어물을 한 보따리 이고 삼팔선을 넘어 오셨단다. 아들과 함께 사시고 싶어하셨지만 고학하는 처지에 어머니를 못 모시고 되돌려 보내신 것을 두고두고 후회하셨던 당신이었다.

보지도 못한 시어머님의 딱한 사정에도 슬픔이 몰려온다. 장마가 일찍 온다더니 내내 가물다 어제 오늘 계속하여 비가 내린다. 뒤돌아보며 후회하는 내 가슴에도 비가 내린다.

(2011. 6. 24)

축사가 헐리던 날

남편을 여의고 7년여의 우여곡절 끝에 낮고 허름한 두 동의 축사를 헐고 그 자리에 높은 조립식 창고를 지어야겠다고 마음먹었다. 전혀 생각지 못하다 별안간 그 생각이 떠오른 날, 나는 축사가 있는 수원으로 갔다. 그리고 다음날 주일에는 외손자가 다니는 그곳 교회에서 예배를 보았다.

"하나님 아버지, 더 늦기 전에 살아가는 지혜를 주셔서 감사합니다." 젊었을 때와 달리 금융기관에서 대출받는 일이나, 철거부터 건축 모두 번거로워 엄두가 나지 않았다. 그리고 그곳에는 근근이 살아가는 세입자도 있으니 그들의 퇴거도 망설여졌다.

긴 장마가 끝나고 불볕더위가 시작될 때 축사 해체가 시작되었다. 비가 새어 지붕에 덧씌운 양철부터 걷어냈다. 그 밑에는 인체에 해롭다는 석면이 든 슬레이트가 깔려있다. 철거 작업은 슬레이트 수거 때문에 전문 업체의 일손이 돌아오는 순서를 기다려야했다. 까다로운 그 작업은 관청에서 나와 철저히 공기 측정까지 해가며 이루어졌다. 슬레이트 밑에 함께 깔았던 골진 스티로폼도 차곡차곡 쌓아갔다. 뜯어낸 폐자재를 종류별로 보이지 않게 감싸 묶으니 작업현장은 정연하게 일이 진행되었다. 지붕재를 떠받쳤던 각목(角木)들은 생각보다 가늘고 엉성하였다. 그러나 나는 그때 그 건물에 얼마나 많은 꿈을 실었던가.

축사를 지을 때의 1973년 당시의 사진첩을 펼쳐놓았다. 첫 장에는 사진관에서 찍은 내 사진이 있었다. 시골 아낙으로 변모해갈 자신의 그 전 모습을 간직하기 위해 찍은 것이었다. 상량 글을 써주신 동네 할아버지와 삶은 돼지머리를 상 위에 놓은 사진도 있었다. 내 곁에 초등학교 때의 딸의 모습이 보인다. 축사가 헐리는 오늘 내 곁에 꼭 그 나이인, 딸이 낳은 외손자가 서있다. 현장은 40년 전의 세월을 그렇게 지금 함께 보여주고 있다.

남편이 다니던 회사가 갑자기 법정관리가 되면서 남편은 직장에서 물러나게 되었다. 느닷없이 닥친 남편의 실직은 암담하였다. 나는 주말농장으로 마련한 매입당시의 헌집을 손질하여 젖소 송아지 6마리를 사들이고 낙농을 시작하였다.

지금도 우리 집에는 젖소 모형에 노란 금색을 칠한 작은 기념패가 있다. 서울우유조합에서 3,000kg의 우유를 냈을 때 받은 금송아지다. 손으로 착유하다 기계로 착유하는 파이프라인도 우리는 맨 먼저 설치했었다. 지난날 소 값이나 우유 값이 생산비에 못 미치면 둘러보기도 싫던 축사였다. 그러다 소 값이 오르면 몇 번이나 들락거리고 몇 마리를 팔아도 금세 송아지가 우르르 그 자리를 메워주는 게 대견했다.

고창증(소의 소화불량으로 창자에 가스가 차는 병)으로 끝내 소가 죽고 말았던 일, 쌍둥이 송아지를 낳아 우리 모두를 기쁘게 했던 일도 몇 번 있었다. 그러나 오래 기르던 소를 폐우로 내보낼 때마다 더 이상 축산을 하기 싫었다. 지금도 잊을 수 없는 13호소는 서울우유에서 분양받은 미국산 홀스타인 초임우가 낳은 송아지였다. 계약과 달리 도입 우가 낳은 송아지가 젖소가 아닌 온통 까만 잡종이어서 나는 그때 돈 4만원의 보상금도 받았다.

13호소는 병치레도 없이 해마다 한 마리씩 8산을 했다. 발톱에 부제병(腐蹄病:발톱에 생기는 가축의 질병)이 생겨 절룩거렸을 때 더 이상 살 빠지기 전에 서둘러 폐우로 내보내야했다. 그 소를 싣고 작업하는 시흥까지 나는 줄곧 울면서 갔다. 사무실에서 인수증을 받으면서도 연신 쏟아지는 눈물을 주체할 수가 없었다. 부제병 전에는 수의사 한 번 댄 적 없고 새끼를 낳아도 토실토실 살도 내리지 않는 온순한 소였다.

IMF에 26년이나 운영하던 축산을 접었다. 이제 그 축사를 허물면서 만감이 오고간다. 어느 날은 크고 작은 많은 거북이가 축사입구로 가득 몰려드는 꿈을 꾸기도 했다.

"너희들이 있었기에 내 노후를 평안히 받쳐주고 있다는 것 잊지 않으마."

창고 한 쪽에 사무실을 마련하면 서울우유에서 받은 금송아지 기념패를 가져다 놓아야겠다. (2013. 8. 15)

누렁이와 하치 공(公)

며칠 전 TV 동물농장에서는 마라도의 바닷가에 홀로 사는 개 이야기가 나왔다. 마라도의 해변은 온통 검은 갯바위만 깔린 곳이었다. 그 울퉁불퉁 거친 갯바위에 누렁이 한 마리가 하염없이 먼 곳을 바라보고 오도카니 앉아있었다. 벌써 몇 달째 추운 겨울의 눈비를 피할 곳 없는 갯바위에서 고스란히 맞고 있었다.

때로는 백구가 와서 누렁이를 얕보고 공격하더니, 어느 날은 여러 마리의 개가 떼 지어 몰려와 누렁이를 괴롭혔다. 거세게 밀어 닥친 파도는 갯바위에 부딪치고 하얗게 이는 높은 포말은 도망쳐 뒷걸음치는 누렁이를 덮쳤다. 갯바위 끝자락에 몰린 누렁이는 바닷물이 빠져나가는 바위 사이의 도랑을 필사적으로 건너뛰며 아슬아슬하게 피해갔는데 발에는 찢긴 상처로 빨간 피가 흐르고 있었다.

어느 날 들어온 구조대는 개 임자의 사연부터 물었다. 마침 개 임자와 가깝게 지내던 이웃이 있어 목포로 이사 간 개 주인과 통화가 되었다. 사연인즉 그들 내외는 갑자기 함께 병들어 살던 집도 허물고 황급히 마라도를 떠나 목포로 오게 되었단다. 화면은 병석에 누운 부인과 어깨를 들치며 상처를 보여주는 남편의 딱한 처지를 보여주고 있었다. 지난날 그들 내외는 늘 갯바위에서 누렁이를 데리고 낚시를 하며 살았단다. 주인 남자는 그제야 누렁이의 가엾고 애처로운 사정을 듣고 간밤엔 한잠도 못 잤다고 하였다.

개를 몰던 구조대는 끝내 마취 총을 쏘게 되었고 주사기가 꽂힌 채 누렁이는 그대로 달아나다 어느 공터에 쓰러졌다. 마을사람들은 그곳이 누렁이네가 살던 집터라 하였다. 병원에 옮긴 누렁이는 다행히 건강에는 이상이 없고 며칠 지나 새 주인을 맞게 되었다. 울타리에 이어붙인 큰 창고 안에 말끔한 개집이 놓였고 그 앞에 몰라보게 늠름해진 누렁이가 목사리에 매여 있었다. 믿음직한 젊은 새 주인 남자는 삶은 닭고기를 개에게 주면서 좀 더 낯익으면 목포로 데리고 가 누렁이에게 그리운 옛 주인을 만나보게 하겠단다. 그리고 확실한 이별을 개에게 인식시켜주겠다고 하였다. 그 주인의 섬세하고 따뜻한 정감에 나는 많은 감동을 받았다.

일본에도 유명한 '하치 공(公)' 이야기가 있다. 개를 키우던 교수가 죽은 것을 개가 끝내 깨닫지 못하고 기다리는 것이 주위를 안타깝게 했다. 하치공은 아침에 교수를 역까지 배웅하고 저녁에 돌아올 시간이면 어떻게 시간을 가늠하는지 어김없이 역 개찰구로 마중 나갔다. 하치공은 죽은 주인의 영구차를 따라 있는 힘을 다해 달려갔어도 주인의 죽음을 끝내 깨닫지 못하였다.

남편이 죽고 집을 팔게 되었을 때, 교수부인은 하치 공을 친정이 있는 먼 곳으로 차에 태워 보냈다. 그러나 영리한 개는 주인과 함께 살던 그 집을 찾아 되돌아왔다. 하치공은 고작 17개월을 함께 살던 주인을 잊지 못해 10년을 기다리다 추운 겨울, 마중하던 기차역에서 눈을 이불삼아 하얗게 덮고 죽었다.

생전에 개 주인이었던 교수는 가죽으로 된 어깨띠도 개 털색에 맞추어 주문했다. 그것을 두르고 주인과 함께 산책을 나가면, 하치공의 그 위풍당당함에 동네 개들은 기가 죽어 모두 피해가

곤 하였다. 따뜻한 욕조 안에 주인과 함께 목욕하며 보내던 행복한 지난날, 틈만 나면 진드기를 잡아주던 주인이었다.

아키다견 종으로 개도 영리하였지만 주인인 교수도 견격(犬格)을 알아주었으니 하치공도 77년 전 개로는 대단한 주인을 만났었다. 아마도 하치공 역시 자기주인이 다시는 그 개찰구를 나오지 못할 것을 알았을 것이다. 그러나 주인을 기다릴 수밖에 없는 일편단심에서 오랜 세월 그렇게 기차역을 떠나지 못하고 기다리지 않았을까? 하치공의 정이 어지간한 인간의 정 못지않다.

실로 개의 행복은 자기와 함께한 사육자의 건강과 수명에도 달려 있다고 하겠다. 신문에는 함께 살아온 개의 충정(忠情)을 못 잊어 홀로 남기고 떠나는 안타까움에 많은 유산을 개에게 남기고 가는 서양 할머니도 있을 정도다. 개는 거짓이 없다. 자기 주인이 부자거나 가난하거나 오로지 자기 주인 밖에 모른다. 부모의 재산을 탐내고 부모를 해하는 자식이 있는 요즈음 같은 시대에 다시 한 번 '개의 충정'을 생각해 볼 일이다.

(2012. 3. 27)

예삐의 죽음

이제는 현관에 들어서도 나를 반길 예삐가 없다. 언제나 내가 돌아와 바로 옆의 출입문을 열 때까지 아무 기척이 없다가도 현관문 연 나를 보면 예삐는 반가워 마루와 신문을 깐 타일 바닥을 연신 뛰어 오르내리기를 반복하였다.

예삐는 새까맣고 똥그란 눈이 아주 예쁜 흰털 곱슬 강아지였다. 살던 마을의 어느 집에서 아들네가 아파트로 이사 간다고 기르던 개를 주고 갔다. 20여 년 전 치와와 종을 7년여를 기르다 병들어 가축병원에서 안락사 시키고 1년을 내내 울고 지내다 다시는 애완견을 안 기르기로 다짐했었다. 그런데 예쁘게 생겼느냐고 한마디 물어 보았는데 나도 없는 사이에 놓고 가니 선택의 여지도 없이 예삐와 나는 한 식구가 되어버렸다.

예삐는 나에게 와 만 5년을 함께 살았다. 그날 아침 예삐는 냉장고에 굴러다니던 쇠고기에 어묵을 넣어 끓인 것을 한 숟갈 먹고 사료는 입에 대지도 않았다. 여느 때처럼 운동도 하고 오줌 똥 누라고 내어 놓았는데 그만 변을 당하고 말았다. 테라스에 빨래 널 때만 해도 마당 가운데 서 있는 것을 보았었다. 목욕을 시키려고 출입문을 열었더니 평소 같으면 문 여는 소리만 들어도 쪼르르 달려오던 녀석이었다. 몇 번을 부르다 나가보니 큰 돌로 화단을 쌓은 담장 밑에 네 다리를 가지런히 뻗고 너부러져 있었다.

가엾은 우리 예삐! 혹시 무엇을 잘못 먹지 않았나 했는데 묻어준 아저씨 말로는 배에 피가 난 것을 보니 물려죽었다고 했다. 이때까지 외부의 침입자는 한 번도 못 보았는데 무슨 변인가! 공포에 질려 죽어가던 그 순간 얼마나 내가 나와 도와주길 바랐을까?

영감이 가시고 낯선 곳에 이사와 외롭게 살면서 예삐는 나에게 많은 의지가 되었었다. 영감 산소에 올라갈 때면 늘 쫄랑쫄랑 앞서가면서 내가 따라오는지 힐끔힐끔 뒤돌아보며 계단을 오르던 녀석이었다. 음식물 쓰레기나 소각기에 태울 쓰레기를 일륜차에 실으면 나 먼저 앞장서서 신나게 가던 예삐! 썩 머리 좋은 녀석은 못되어도 아주 순한 강아지였다.

처음 이사와 새 집이라 그 해 여름은 밖에서 얼마를 길렀다. 하루는 예삐가 이를 드러내고 사납게 짖어대기에 가보니 예삐 집에 발바리 까미가 떡하니 뻗치고 앉아 있는 게 아닌가. 테라스에서 자던 까미는 산기가 있자 가장 만만한 예삐 집에 들어가 예삐를 내어 쫓고 주인인 양 자리 잡고 있었다. 나는 얼른 동네 택시를 불러 철물점에서 개집을 사왔다. 그리고 예삐가 변변치 않는 나무 집을 악착스레 차지하던 것을 보고 인터넷을 뒤져 나무로 만든 예쁜 개집을 주문하여 주었다. 그런데 어느 날 목욕한 예삐를 닦아주다 귀속에 있는 진드기를 보고 깜작 놀랐다. 나는 무릎 위에 눕혀놓고 면봉으로 모두 잡아내고는 겨울의 추위보다 여름의 모기나 파리가 있는 밖을 피하고 방에서 기르기로 했다.

현관에서 올라오는 마루 한 쪽에 방석을 깔고 현관 타일 위에 신문을 깔아 용변을 보게 하였다. 밖에 나갔다 돌아오면 으레 목사리를 매려니 하고 목을 내밀던 예삐! 목욕 후 말려주고 방에 풀어 놓으면 제 자리에 앉지 않고 내 방석에만 앉던 예삐를 나는 다시 묶어 놓아야했다.

그러나 내가 즐겨보는 TV의 동물 농장에서 온 집안을 휘젓고 다니는 다른 개들을 보고 예삐를 얼마나 가엽게 여겼던가. 나는 그들 개 주인보다 나이가 들어 방청소도 씻어주는 것도 점점 힘에 부쳐 감당하기 어려웠다. 예삐는 내가 외출하고 돌아오면 으레 먹을 것을 내어놓으라고 시끄럽게 짖어대었다. 옛날 어릴 적 겨울밤에 아버지가 사오시던 호떡 같은 것을 기다리던 우리들처럼 예삐는 내가 들고 올 먹을 것을 기다렸다.

이런 이야기를 듣던 내 친구들은 모여서 식사할 때면 고기 몇 조각은 꼭 남겨서 내 가방에 넣어주곤 하였다. 그러면 나는 발걸음도 가볍게 돌아와서는 얼른 먹을 것을 끄집어내어 가위로 잘라 주곤 하였지. 올 가을부터는 내가 쓰는 거실보다 예삐 쪽 마루부터 불을 넣어 자리를 따스하게 해주었었다.

"예삐야 지금은 너의 빈자리가 혼자 살아가는 나를 더 슬프고 외롭게 하는구나."

어느 대학 강사가 불교에서 말하는 윤회가 축생(畜生)에게도 있는지 법정스님에게 편지로 물었다. 키우던 개를 잃고 애태우던 며칠 후 개장수의 손에 끌려가 무참히 죽었다는 소식에 너무 비통한 나머지 스님에게 묻고는 회신을 기다렸다. 법정스님은 다람쥐의 49재를 이야기하셨단다. 다람쥐가 가을 내내 물어다 놓은 도토리를 절에 살던 어느 여승이 묵을 쑤어 먹으려고 몽땅 걷어왔더니 이튿날 다람쥐가 제 새끼 모두 데리고 그 스님의 벗어놓은 신발을 물고 죽어 있더란다. 그 스님은 7일마다 제사를 지내며 다람쥐의 사십구재를 치러주었다고 하였다.

'불쌍한 예삐야! 내세에 다시 태어나거든 부디 부잣집 귀염둥이 딸로 태어나 행복한 세상을 살아가거라.'

4.

당진에 둥지를 틀고

돌때미골의 겨울나기

며칠째 혹한이 기승을 부린다. 하얗게 쌓인 눈을 밟고 저물녘에 개밥을 주고 온 나의 발자국에 다음날 아침 또 눈이 덮였다. 예년에 없이 밖의 주방에서도 수세미가 꽁꽁 얼어붙고 손이 시리다. 65년 만의 2월 추위라고 한다. 그래서일까. 집안에만 갇혀 사는 난, 요 며칠 먼저 가신 영감이 자꾸만 생각난다. 5년하고도 반 년이 지났으니 잊을 만도 한데 갈수록 더 그리워진다.

홀로 남은 나에게 추억어린 지난날은 간데없고 잘해드리지 못한 자책들만 내 가슴을 저민다. 멋모르고 보낸 지난 세월을 다시는 되돌릴 수 없는 안타까움에 아이들같이 발을 동동 구르며 울고 싶어진다. 웬 청승인가 싶어 TV를 켠다. 역시 내가 즐겨 보는 동물농장, 애니멀 채널이다. 화면에 나오는 뱀이나 큰 구렁이 보기가 징그럽지만 아무 생각 없이 멍하니 화면을 본다. 하는 일 없이 해가 바뀌고 한 달이 지났는데 지난해의 결산도 손대지 못하고 있다.

내가 사는 이곳은 시내버스가 하루에 한 번씩만 오고가는 당진시의 변두리 산골이다. 그 시내버스 앞 유리에는 "돌때미"라는 표식이 붙어있다. 돌때미의 유래는 고려 말 공민왕 때 '석거설'이라는 충신이 어쩌다 이곳에 낙향하게 되었다. 그는 아들과 함께 땔나무를 해서 저잣거리에 내다팔아 생계를 이어갔다. 그러던 어느 날 아들은 산 위에서, 아버지는 산 아래서 나무를 하다 아들이 그만 큰 돌을 건드려 아래로 굴러가기에 "아버지 돌 굴러 가유" 했으나 이미 돌은 아버지를 덮치고 말았다. 아들은 내려와서 돌을 밀쳐보았으나 꼼짝도 않기에 마을을 향해 "사람 살려" 하고 소리를 질렀더니 마을 사람들이 달려와 돌을 밀쳐내었다. 아들이 죽은 아버지를 부둥켜안고 한 손으로 그 돌을 두드리며 이 돌 때문에 아버지가 죽었다고 통곡하니 마을 사람들이 그를 불쌍히 여겨 오늘날까지 이 고장을 '돌때미골'이라 불러 오고 있단다. 오늘은 아버지를 도와 나무하던 효자가 부럽다. 그 효자를 기리는 이 산골에 살면서 새삼스럽게 돌때미의 유래를 곱씹어본다.

이 동네에서 내가 다니는 교회는 서울에 내어놓아도 손색이 없는 아름답고 엘리베이터까지 갖춘 현대식 건물이다. 요즈음은 나도 죽기 전에 성경일독을 해야 한다며 자주 성경을 펼쳐서 공부한다. 구약을 차례로 읽다 잠언과 전도서로 뛰어넘다가 이 겨울 다시 신약부터 읽기 시작한다. 잘 이해가 되지 않는 것은 일본어 성경을 참고하며 함께 읽어가기도 한다. 자주 나오는 '외식하는 자여'는 한글로만 보면 쉽게 이해가 안 되는데 일본어 성경에는 한자로 '위선자여'로 되어 있어 쉽게 이해가 된다.

작년에 딸이 사다준 이어령씨의 「지성에서 영성으로」도 성경을 읽어가는데 많은 도움이 된다. 어제 밤늦게는 우연히 돌린 TV에서 이어령씨가 진행하는 김소월의 시 「엄마야 누나야」의 강의를 잠깐 듣게 되었다. 해박한 지식과 듣기만 하여도 녹아드는 문학의 깊은 경지와 조예. 여러 나라 언어에 통달하셨으면서도 남다른 우리말 사랑, 이런 훌륭한 분과 동시대를 살아가는 것도 축복받은 일이다.

나는 늘 몇 대가 살아온 오래된 고옥에서 조상들의 손때 묻은 물건들이 나온 것을 부러워했다. 사변 통에 월남하고 아파트를 전전하며 살다보니 내겐 이렇다 할 귀중품이라곤 없다. 그러나 지금 나는 영원한 소유는 존재하지 않는다는 것을 뼈저리게 체험하고 있다. 모든 것은 그저 스쳐가는 것 일뿐, 부질없는 집착일랑 벗어버리자. 성경에 토를 달지 말고 성령의 은혜를 받기만을 간구하자. 스스로 다짐한다.

하얀 눈 위에 햇살이 눈부시다. 흰 눈 위에 큰 소나무 그림자가 드리우고 산으로 올라가는 저 멀리보이는 내리막길에는 나란히 선 가이즈카 향나무의 그림자가 철로의 침목같이 가지런하다. 이 추위가 오기 전만해도 입춘이 가까워 봄기운이 감돌았는데 땅은 다시 얼어붙었다. 오늘은 다행히 바람이 없어 날씨가 좀 풀리는 것 같다. 개 밥그릇과 함께 놓은 물그릇도 가장자리가 녹아 얼음이 그릇에 둥둥 떠 있다.

머지않아 이 산골에도 봄은 오겠지. 이 추위가 가면 나무 전정도 시작하고 봄맞이를 하자. 건강이 허락되어 이렇게 봄을 기다릴 수 있는 것도 얼마나 고마운 일인가. (2012. 2. 4)

참죽나무 교자상

작년 봄에 인천에서 참죽나무로 만든 교자상을 사왔다. 장방형의 크기나 높이가 아주 마음에 든다. 짙은 황토색 큰 교자상은 굵고 가는 자연스러운 나이테가 넓게도 촘촘하게도 퍼져 있다. 굴곡진 튼실한 네 다리와 다리를 에워싼 둘레목도 밋밋하지 않고 모양을 내어 상판과 잘 어울린다. 거실 가운데 놓고 방 크기에 맞는지 여러 각도로 보아도 괜찮은 것 같다. 쓰는 날까지 새것 같이 쓰기 위해 유리를 깔았다. 유리가 두꺼워 고정을 시키지 않아도 움직이지 않는단다.

홀로 사는 나에게 이 교자상은 무엇보다 요긴하다. 나는 이 교자상 위에서 금전출납부나 수필도 쓰고, 신문기사를 오려서 스크랩해 두기도 한다. 상 위에는 잡다한 물건들이 놓여있다. 주판부터 넓적한 큰 계산기, 국어사전 그리고 플라스틱으로 된 낮은 바구니에는 여러 가지 문구도 들어있다. 볼펜, 자, 가위, 딱풀, 지우개, 스테이플러 등등. 나는 이것들을 양옆으로 밀어놓고 쟁반에 담아온 음식을 올려놓고 식사도 한다. 진작 새것으로 바꿔 쓸 걸…. 상을 닦으며 혼자 중얼거린다. 은은히 비치는 나뭇결과 옹이 흔적이 볼수록 좋다. 얼마나 갖고 싶었던 마음에 드는 교자상인가.

40여 년 전, D그룹 재벌 집에서 본 검은 색 원탁인 묵직한 둥근상을 잊을 수 없다. 으리으리한 응접실 꾸밈새에 너무나 잘 어울리는 아름다운 교자상이었다. 식사를 마친 친척 어른들과 함께 큰 응접실 한쪽 구석에 놓인 그 상위에서 자주 차를 마시며 즐거운 시간들을 보냈었지. 갖고 싶은 것도 많은 시절이었다. 그때가 가장 세상물정 모르고 살던 편한 시기였던 것 같다. 함께 어울리던 친척들은 거의가 지금은 세상을 뜨고 말았다.

요즈음 그 D그룹이 자주 신문지상에 오르내린다. 40여 년 전에도 회사가 법정관리로 넘어가더니 왜 또 되풀이 되는지. 광범 위한 금융업에다, 시멘트 원료인 석회석을 파낸 자리에, 화력발전소까지 지어 굴지의 회사로 키워가는 줄 알았더니 무슨 변일까. 채권자가 집으로 회사로 몰려다니며 시끄럽게 하고 있다. 장애아의 몫을 회사에 맡겼다는 딱한 사정도, 돈을 걸어 들인 창구 여직원의 애꿎은 자살 소동도 연일 신문에 보도되고 있다.

평생 조금이라도 남에게 폐를 끼치지 않고 살고 싶다. 손해를 본다면 상대보다 내가 보는 것이 마음 편하다. 남이 사주는 밥보다 내가 사는 밥이 맛도 나고 넘어가기도 잘한다. 크게 보태주지 못하더라도 남의 덕 거저 입고 사는 것도 짐스러워 나는 싫다.

가을이 찾아든 앞산의 단풍들이 햇빛을 받아 오늘은 어느 해 없이 더 아름답다. 무리지어 심어 놓은 홍단풍과 복자기의 붉은 색이 소나무와 주목의 푸른색과 어울려 혼자보기에 너무 아깝다. 엊그제 함께 수필 공부하는 분들이 왔을 때만해도 이다지 빨갛지 않았는데 오늘은 가을 단풍이 절정을 이룬다. 화단 앞에 심은 작은 화살나무는 작년에 소나무 사간 분이 몇 그루 주고 간 것인데, 햇빛을 받은 붉고 말간색이 너무 곱다. 넘어가는 따뜻한 볕을 등에 지고 마당에 내다 놓은 의자에 혼자 앉아 가을의 정취를 만끽한다.

예쁘게 물드는 나뭇잎 같이 곱게 늙어가고 싶다. 모든 시름에서 벗어나 돈에도 찌들지 않는 마음에서부터 여유 있는 남은 날들을 보내고 싶다. 언젠가는 이 인적이 드문 산골도 떠나야하겠지. 병이 나면 병원으로 가든 요양원으로 가든 이곳을 떠나야 할 테니. 깊은 상념에 젖어든다.

그러고 보면 이 참죽나무 교자상 앞에 머무르고 있을 때가 가장 행복한 시간이다. 내가 염원하던 대로 저물어가는 황혼 길에 지난날을 반추하며 한가로이 수필이나 써가며 살아간다는 것은 얼마나 복 받은 일인가. 새삼 참죽나무 교자상과 함께 살아가는 내 노년에 만족하는 이 가을이다. (2013. 11. 8)

생활의 변천

지금과 같이 살기 좋은 세상에도 젊은이들은 불평이 많고 불만이 많다. 너무나 좋은 편의시설과 넘쳐나는 상품 속에서도 감사함이 없다. 우리가 잘 살 게 된 건 그리 오래되지 않다.

불과 40여 년 전의 일들인데 생각하면 참으로 놀라운 격세지감이다. 1년에 몇 번씩 이사 다니며 남의 집 문간방을 전전하다 하왕십리에 작은 집 한 채를 겨우 샀다. 방 둘, 마루 하나짜리였는데 마루에는 미닫이도 없었고 수도는 부엌과 떨어진 옆집과의 담 밑에 있었다. 부엌바닥은 흙으로 다져져 있었고 설거지한 물은 디딤돌을 딛고 문지방을 넘어 수돗가 하수구에 버려야 했다. 뒷간은 마당을 가로 지른 구석에 허름한 판자문으로 가려있었다. 그러나 처음 갖는 내 집은 어느 고대광실 높은 집이 부럽지 않았다.

몇 년 후 불광동으로 이사 갔다. 산을 깎아 지은 고지대라 물 안 나오는 날이 많았다. 물차가 오는 날이면 줄지어 받아 지게를 지고 계단을 오르내리며 날랐다. 집안에 화장실은 있었지만 수세식은 아니었고 긴 손잡이가 달린 뚜껑을 변기에 덮어가며 쓰고 있었다. 욕실에 타일을 붙인 욕조는 있었는데 여름에 물이나 받아 쓸 뿐 겨울에는 추워서 더운물 갖고 세수하러 들어가기도 끔찍하였다. 방마다 돌아가며 연탄을 지피니 추운 겨울에는 연탄을 하루에 열 개나 갈아야했다. 그러니 한밤중에도 혹시나 하는 연탄가스 사고가 염려되어 꼭 아이들 방을 열어 보아야 했다.

아프리카의 대서양쪽에 있는 나라 '적도기니' 전 대통령의 딸이 일곱 살에 북한에 와 16년간 망명생활을 한 기사가 조선일보 'Why'에 났다. 그녀가 북한을 떠나겠다고 했을 때 "김일성은 거친 자본주의 세상에 어떻게 살아가겠느냐고 걱정해 주었지만 전 꿋꿋하게 잘 삽니다"가 큰 제목이었다. 나는 그녀가 살아오고 살아가는 이야기보다 그녀가 북한에서 몸담고 있었다는 귀족학교 '만경대 혁명학원'에 더 관심이 갔다.

6·25 바로 전해 아주 추운 겨울의 어느 날이었다. 6명이 함께 쓰는 기숙사 우리 방에 룸메이트의 조카가 찾아왔다. 바로 만경대 혁명유가족학원에 다니는 그 남자 아이는 입은 교복부터 차림새가 달랐다. 그런데 언제나 꽁꽁 얼어붙는 한겨울의 수돗물로 겨우 세수나 하는 우리에게 자기네 기숙사의 수도꼭지에서는 더운 물이 나온다고 하였다. 상상도 할 수 없던 그 한마디를 나는 지금도 잊을 수 없다. 고향집에 있을 때는 언제나 어머니가 데워주시는 큰 가마솥의 더운 물을 쓰고 자랐지만 어떻게 수도꼭지에서 더운 물이 나올 수 있을까? 너무나 꿈같은, 상상할 수도 없는 이야기였다.

김일성은 거친 자본주의라고 하였지만 그곳에 살고 있던 우리들은 숨이 콱콱 막히는 통제사회였다. 거주지도 옮길 수 없고 여행도 허락되지 않았다. 세 사람만 모이면 반드시 한 명은 감시하는 일을 맡았다. 연초가 되면 주민은 부역 일수부터 할당받았다. 대학에서도 악기를 다루는 학과만 제외하고 삽질이나 흙파는 일과 돌을 싣고 나르는 일에 내몰렸다. 자퇴도 허용되지 않았고 휴학하는 반년 사이에도 부역은 거주지로 할당되었다.

자주 갖는 자기비판에 무슨 보고대회니 궐기대회니 이름도 가지가지인 대회는 잠시도 개인적인 시간을 허용하지 않았다. 요즈음 동물원의 동물도 관객을 위한 훈련을 혹독하다고 중지하는데 그곳에선 실로 꿈도 희망도 없는 노예와 같은 생활이었다.

요즈음 또 다시 시국이 시끄럽다. 처음 찾은 행운의 산업화를 독재니 탄압이니 공포와 압제라고 매도한다. 하지만 5000년 역사의 어느 위정자가 백성을 이렇게 급속도로 편하고 잘 살게 해주었던가.

어느새 좁은 시골 길이라도 모두 포장되어있다. 지난날 눈 녹는 봄날의 마을길은 마누라 없이는 살아도 장화 없이는 못산다는 온통 진흙바닥이었다. 전화가 없어 연락이 닿지 않던 일, 땀 흘리고 일한 뒤의 얼음물이 간절하던 시골동네였다. 그러나 지금은 산골 어느 오지에 가도 싱크대가 달린 입식 주방에다 세탁기에 진공청소기, 수세식 화장실에 욕실을 모두 갖추고 있다.

나는 어렵고 힘든 시대를 살아와서 이 편한 세상이 더 없이 고맙고 이런 좋은 세상을 살고 간다는 것만으로도 그저 만족하고 감사하며 살아간다. (2013. 11. 28)

당진에 둥지를 틀고

당진으로 이사 오기 전에는 수원에서 20여 년 하던 낙농을 접고, 소 사료 작물 포에 여러 가지 나무 씨앗을 사다 심었다. 나무가 커가면서 판로나 가격을 몰라 조경수협회에 가입하였다. 1993년 여름 일본식물협회에서 천리포수목원을 보러온다고 하였다. 나는 사전답사로 가는 조경수협회의 임원들을 따라나섰다. 만리포해수욕장은 가본 일이 있어도 천리포수목원은 들어보지도 못한 때였다.

귀화한 미국인 민병갈씨가 만들어 놓은 세상에서 가장 아름답다는 천리포수목원은 그 규모부터 놀라웠다. 생목으로 처음 보는 호랑가시나무 등 꼬불꼬불 길 따라 심어놓은 수백 종류의 나무에 탄성이 절로 났다. 천리포 일대는 해양성 기후의 영향으로 식물이 자랄 수 있는 천혜의 좋은 자연환경을 갖추고 있었다.

그때 천리포까지는 좀 멀고 서산이면 조경수 키우는 기후도 비슷할 것 같아 노년에 살 곳을 정한다면 서산으로 가리라고 마음먹고 있었다. 그리고 6년 후인 1999년 수원에서는 서산보다 가까운 당진에 자리 잡게 되었다. 매입한 산은 입구가 도로에 접해있을 뿐 산에 돌도 많고 처음에는 묘목 기를 평지라고는 없었다. 그러나 이듬해 봄 건너편 산에 공장이 들어선다고 파헤치는 바람에 유실된 산자락에 흙을 받을 수 있었다. 산 아래 천여 평의 땅을 밭으로 만들어 지금은 어린 묘목들을 빼곡히 기르고 있다.

나는 평범하게 살고 싶지 않다
등이 휘도록 무거운 짐을 지거나
발바닥이 닳도록 먼 길을 걷거나
심장이 약동하도록 높은 산에 오르거나
가슴이 터지도록 넓은 뜰에서 소리를 치거나
독한 술에 취하거나
뜨거운 사랑의 품에 안기거나—이렇게 살고 싶다
- 서해 최학송

젊어서부터 이 시가 마음에 들었다. 보다 분명하고 확실하게 맺고 끊는 것에 감동을 받았고 그렇게 살고도 싶었다. 영감은 종종 나에게 "당신은 다혈질이라"고 하며 길들이지 않은 야생마에 비유하셨다. 앞뒤를 가리지 않고 밀고 나가는 나를 때로는 불안하고 때로는 못마땅하게 바라보셨는데 그 영감이 오늘은 몹시도 그립고 보고 싶다. 당신이 계셔서 힘이 되었고 든든히 받쳐주어 집안이 편안하여 살맛도 났는데…. 그때 당신은 내가 이렇게 외롭고 쓸쓸한 말년을 보내리라 짐작이나 하셨어요?

며칠째 찌푸린 날씨에 천둥 치며 비를 쏟더니 오늘 아침엔 햇빛이 눈부시다. 하얗게 뒤덮인 만개한 왕벚나무는 이번 비에 꽃잎이 거의 지고 목련과 자목련도 반은 떨어지고 말았다. 방에서 앞산을 내다보다 깜짝 놀랐다. 어제 오늘 날씨가 따뜻해지니 붉은 대왕철쭉과 흰 산철쭉이 갑자기 활짝 핀 것이다. 꽃 사과도 좁쌀만큼 하던 희고 작은 꽃망울을 가지 끝까지 터뜨리고 온 산을 몰라보게 고운 색으로 물들인다.

이 꽃들이 지면 찬란하던 봄은 가고 그 다음에 무더운 여름이 온다. 가을, 겨울 사계절이 바뀌면서 세월도 간다. 생각하면 영감이 계시던 그 시절이 내 인생의 가장 보람 있게 살던 시기였다. 어느새 몸은 늙고 내 주장이 흔들리고 설움만 남는다. 행동거지도 좁아져 방안에서만 맴돈다. 비탈길을 올라 산소에 가본지도 몇 달이 되었다. 지금은 지난날의 기개도 간데없고 허리가 아파 구부러지니 몸과 함께 마음이 처량하다. 가신 영감 그리움은 날로 더해가고 영감가시고 살아 온 세월이 한스럽기만 하다.

의욕을 잃고 시름에 잠겨 지내던 나에게 풀 베던 인부가 토끼 두 마리를 갖다 주었다. 주먹만한 어린 것이 너무 귀여워 아침저녁으로 보드라운 민들레와 씀바귀를 뜯어다 주니 잘도 먹는다.

토끼를 기르다 보니 어느새 외로움을 털어버렸다. 울고 지내던 눈물도 그쳤다. 본격적으로 농원에 토끼를 기르고 싶어 인터넷도 뒤지고 여러 곳에 타진도 해 본다. 아이들을 위한 애완 토끼 체험농장을 만들어 보고 싶다. 죽을 병 들기 전까지 힘에 부치지 않는 일을 할 수 있는 것만이 노년에 찾아드는 외로움에서 헤어날 수 있을 것 같다. 그래야 나도 당진에 둥지를 튼 데 의미가 있지 않을까? 어지간한 어려움이 있어도 꼭 내 농원의 꿈을 이루어가고 싶다. (2014. 9. 15)

묘 지

동창모임을 끝내고 나오는데 친구 K가 묻는다.

"그래 수목장보다 공원묘지가 낫겠니?" 전번에 물어온 대답을 다시 한 번 확인한다. 나는 그때 공원묘지를 권했었다. K는 오랫동안 산부인과 의사로 일했다. 아들도 훌륭히 키웠고 재력도 있었다. 그 정도면 공원묘지가 그녀에게 더 합당한 것 같았다.

나는 오랜 세월 소먹이 사료와 지금은 조경수 식재를 위하여 몇 군데 산을 옮겨 다녔다. 내가 본 그 산에서 가장 아늑하고 볕이 잘 드는 묘도 찾아오는 후손이 없으면 황폐하고 봉분조차 그 형태를 잃어가고 있었다. 묘를 쓸때만 해도 모든 가족의 슬픔 속에 정성어린 장례를 치렀으리라. 그러나 자손 몇 대를 거치면서 이제는 찾아오는 가족도 없고 돌보는 후손도 없었다. 생전에 보지도 못한 후손들의 기억 속에 지워지다 보니 봉분도 훼손되고 봉분 위에는 큰 나무까지 자라고 있는 경우도 많다.

1960년대 초 아직 아파트 붐이 일기 전, 서울 불광동 야산에 주택조합을 만들어 50여 채의 빨간 벽돌집을 지은 것을 사게 되었다. 살면서 서재가 없어 방 하나를 더 내어 달게 되었다. 그런데 기초를 파다가 오래 된 유골이 나왔다. 이장도 안 한 묘지 위에 그대로 집을 지었나 보다. 남편이 장기 출장 나가서 혼자 지키던 산 위의 집에서 밤이면 무서워서 그 쪽에 등을 대고 TV를 보던 기억이 난다.

10여 년 전, 시숙모님은 슬하에 있던 아들이 죽고 남편의 산소를 파묘하게 되었다. 돌아가신 지 30여 년이 된 숙부님 산소는 둘레석도 크게 세웠고 비석이며 상석 등 많은 돌로 치장하였었다. 이장 전문 업체에서 묘를 파헤치는 동안 우리는 산 아래 멀리 떨어져 간간이 들려오는 작업 소식만 듣고 있었다. 발등을 덮은 이불이 주저앉지 않아 살이 내리지 않았을 것 같다는 걱정스러운 말이 전해왔다. 그렇게 되면 면에 신고하여 화장터로 가야한단다. 그러나 값비싼 수의와 이불 거죽이 명주여서 썩지 않았을 뿐 별문제는 없었다. 새끼 타래 몇 개를 쌓아놓은 위에 수습한 유골을 올려놓고 태워서 절구에 부수어 주변에 뿌렸다. 그런 것을 보니 죽으면 그 시에 화장하는 것이 가장 바람직하다는 생각이 들었다. 기우뚱하게 허리까지 묻힌 비석을 보는 마음이 그리도 무거울 수가 없었다.

군부대의 연병장 같이 일률적으로 나열된 공원묘지의 획일적인 모습도 나는 싫다. 더욱이 요란한 석물들의 끝없이 줄선 모습도 훗날 공해로 남지 않을까도 염려된다.

요즈음은 수목장이 뜨고 당국에서도 적극 권장하는 추세다. 그러나 나는 수목장도 별로 내키지 않는다. 소나무 세 그루씩 묶어서 심은 곁에 흙으로 빚은 남편의 골분단지를 묻었다가 다시 나무를 다른 데로 옮겨 심었다. 장차 소나무가 커가며 뿌리가 단지를 감싸는 것도 싫어서였다. 잔디만으로 덮은 네모진 작은 봉분도 내가 살아서이지 한 귀퉁이 떨어져 나간들 누가 시시로 손을 볼 것인가? 다시 작고 낮은 사각의 돌로 테두리를 감싸고 위에 잔디를 심었다.

사후의 묘지문제는 전적으로 자식들의 몫이다. 개발붐을 타고 문중 산소도 언제 없어질지 모른다. 30년을 1세대로 치면 3대까지는 묘소의 주인을 기억할 수 있을 것이다. 100년을 본인이 원하던 자리에 평안히 묻힐 수 있다면 더 없이 복 받은 묘소가 아닐까? 그 후에는 흙 단지 채로 자연히 흙으로 돌아가게 되겠지.

그러고 보면 공원묘지가 지금으로서는 가장 바람직하다. 15년 계약기간이 끝나도 후손이 돈만 내면 벌초도 해주고 주변도 잘 가꾸어 준단다. 관리비가 끊기면 무연고로 간주되어 처리된다니 고인을 기억하는 후손에게는 그다지 큰 짐은 되지 않을 것이다. 그래서 나는 친구 K에게 공원묘지를 권했다.

죽음은 언제나 멀리 있어 나와는 거리가 있는 것 같아도 세월은 빠르고 누구에게나 다가오기 마련이다. 살아서는 주변에게 만나서 반가운 존재가 되고, 죽어서는 생전에 함께한 그리운 존재로 남고 싶다.

(2012. 7. 23)

시바타 도요(しばた とよ) 시집

나이 탓일까? 딸이 보내 준 시바타 도요 시집『약해지지 마』를 머리맡에 놓고 잠 안 오는 밤이면 누워서 펼쳐본다. 한줄기 눈물이 주르륵 흐르고 나서야 잠이 든다.

어머니

돌아가신 어머니와 같은 내 나이
92세 된 지금
그때의 어머니가 생각이 난다.

노인 요양원에
어머니를 찾을 때마다

돌아오는 길은 견디기 힘든 아픔이었지.
오래도록 선 자리에서 나를 바래주던
어머니
잔뜩 찌푸린 하늘
바람에 흔들리던 코스모스
지금도 똑똑히 보는 것 같구나.

초등학교 졸업학력에 문학은 배운 적도 없고 평생 여관 보조나 재봉 일을 하며 살아오셨다는 시바타 도요 할머니였다. 어쩌면 어머니를 요양원에 두고 헤어지는 딸자식인 자기의 마음을 이렇게도 간결하게 잘 그려냈을까? 앞으로의 세상은 모두가 요양원에서 삶의 마지막을 내려놓게 될 것 같아 남의 일 같지 않다. 시바타 도요는 98세에 자기 장례비 100만원을 털어 출판한 『약해지지 마』의 시집이 100만부나 팔렸단다.

약해지지 마

그래 불행하다고
한숨 쉬지 마
햇살과 산들바람은
한쪽 편만 들지 않지

꿈은
평등하게 꿀 수 있는 거야

나도 괴로운 일
있었지만
살아있어 좋았어.

너도 약해지지 마

100세가 되어가는 나이에도 굳세게 살아가는 자세가 숱한 일본인들의 마음을 울렸나 보다. 인생이란 '지금부터야. 그리고 아침은 반드시 찾아온다.'는 그분의 굴하지 않고, 자연을 벗하며 살아가는 마음이 너무나 순수해 읽을수록 더 빠져든다.

내가 혼자 이 산골에 들어와 산 지도 벌써 8년이 되어간다. 요즈음은 밥해먹기와 진공청소기, 하다못해 저절로 돌아가는 로봇청소기 돌리기도 귀찮다. 언젠가 거동하기 힘들면 아무 미련 없이 요양원에 가야겠다고 생각하면서도 서글픈 것은 낯익은 집에 대한 애착 때문이겠지. 요즈음은 약해지지 말자, 수시로 나를 일깨운다. 그래서 시바타 도요의 시가 내 마음에 더 절실하게 다가오나 보다.

그 시는 자칫 허물어져가는 나를 다시 일으켜 세우는 버팀목이 되어 내게 힘을 준다. 새삼 싱그럽고 평범한 필치로 엮은 그분의 시는 지금 내가 가장 닮고 싶은 살아가는 모습이어서 머리말에 그 시집을 놓고 살아간다. (2015. 1. 5)

오늘을 살아가며

엊그제 거실 등을 바꾸었다. 천장이 높아서 형광등을 갈기도 어렵고 여름에 달라붙은 하루살이를 닦아내기도 힘들어 이참에 LED등으로 갈았다. 벽에 붙인 예쁜 리모컨으로 세 개로 나뉜 전등을 조절한다. 뿌연 유리케이스 속의 자잘한 전구는 투명한 빗금무늬에 비쳐 여러 가지 색깔을 발한다. 밤하늘의 별 같이 아름답다. LED는 밝기도 하거니와 전기료도 싸고 수명도 긴데다 여름에 벌레가 날아들지 않는단다.

옛날에는 전압이 낮아 수수자루를 거꾸로 매단 것 같은 어두운 백열등을 켜고 살았다. 형광등 다음으로 삼파장 전구로 변해

갔다. TV도 마을에 하나가 있을까 말까한 흑백TV를 보러 TV있는 집에 저녁이면 사람들이 모여들곤 하였다. 지금은 집집마다 있는 TV도 흑백에서 컬러로 뒷면이 많이 튀어나온 브라운관 TV에서 벽걸이TV로 참 숨가쁘게 변해갔다. 한때 일본도 냉장고, 세탁기, TV를 천황이 즉위할 때 물려받는 3종의 신기(神器) 즉 거울, 검, 옥(銅鏡, 劍, 曲玉)에 비유할 만큼 귀한 것이었다. 지금은 우리나라의 어느 깊은 산골에도 이 세 가지가 없는 집이 없다 지난 60년은 우리의 5천년 역사에서 의·식·주 모두가 유례없는 변화를 갖고 왔다. LED 전등을 보면서 감회가 새롭다. 살기 좋은 세상을 실감한다.

연일 북한의 인권문제가 세계를 뒤흔든다. 북한은 노동자가 주권을 갖는다는 허울 좋은 사회다. 그런 나라에서 통치자인 김정은이는 외화벌이로 내몬 수많은 노동자의 피땀 흘린 임금을 송두리째 빼앗아 착복하고 사치품을 사들이고 있다. 더 어이없는 것은 이런 와중에 재미교포 아줌마와 함께 전국을 돌아다니며 벌이는 H의 토크쇼다. 몇 번 북한에 다녀와서 수박 겉핥기로 그들이 보여주는 것만 보고 민족의 본질이 북한보다 남한이 더 변했다고 궤변을 늘어놓는다. 김정일이 죽었다고 상복을 입고 방송에 나오더니 평양 가서 그들의 건국일에 맞춰서 제왕절

개로 아이를 낳았단다. 굶주림에 지쳐 생명을 걸고 탈출한 2만 7천 명이 넘는 탈북자들이 보고 있는데….

글쓰기엔 북한보다 남한이 더 나을 텐데 6·25 전 극작가인 Y씨가 월북하여 평양으로 왔다. 처음에는 모두의 열렬한 환영을 받았다. 얼마 후 무용수인 여자도 생겼다. 그들은 내 친척집 안방을 칸막이도 아닌 병풍으로 나누어 보금자리를 꾸미고 살았다. Y는 '장화홍련전'을 각색하여 함흥과 같은 지방 무대에 올리고 싶어했다. 김일성 유일사상에 혈안이 되어있는 그들에게 그런 한가한 것을 무대에 올리게 하기는 만무하다. 역시 무산되고 말았다. 1980년대 북한에 납치된 신상옥 감독이 '사랑'을 주제로 한 드라마를 만들었더니 모두가 사랑이란 단어가 낯설어 웃더라는 곳이 아닌가. 창작에도 오로지 김일성의 위대함만 써야 하고 인민 모두가 그 덕에 살아간다고 해야 되었다.

북한은 숨을 제대로 쉴 수 없는 통제된 사회다. 북한의 지배계층이 이상적으로 생각하는 사회는 주민들은 간부가 시키는 대로 일하고 그들이 내어주는 배급으로 먹고사는 사회다. 그래야만 자신들의 권력과 특권을 그대로 유지할 수 있기 때문이다. 어쩌다 생색을 낸 것은 대학생들의 귀성열차다. 그들은 방학에

귀성하는 학생들을 위해 복잡하고 지저분한 일반 차량과 달리 따로 마련한 차량을 제공하였다. 대학생들의 환심과 자긍심을 심어주기 위해서겠지. 그러면서도 그들은 일상의 기숙사에서는 야밤에 무슨 큰 사건이 터진 것처럼 비상벨을 울려 자는 학생들을 깨운다. 그 밤중에 일어나 방공호를 파라고 했다. 모두를 들볶아 아무 생각 못하게 하는 것이 그들의 술책이다. 학비가 면제된다지만 그만큼 자기네 입맛에 맞는 인간으로 길들였다. 기숙사의 열악한 식사는 늘 강냉이밥에 가지 같은 것이 뜬 멀건 소금국이었다. 한 끼를 굶어야 먹을 수 있었는데 김치도 몇 조각, 그것도 한겨울에 고작 대여섯 번이었다.

60년이 지났다고 달라질 그들의 체제가 아니다. 지금 북한에는 3대를 이어받아 적화 통일을 이룩하려는 30세인 김정은과 27세인 여동생이 2400만 북한 주민을 다스리고 있다. 끝없는 불안감에 고모부를 죽이고 고모도 쫓아내고 아무도 믿을 수 없는 고립무원의 벼랑 끝에서 막말로 세계와 우리를 향해 발악하고 있다.

소비에트연방이 무너지고 옐친이 러시아대통령으로 정권을 잡았을 때 너무 큰 나라에서 사회주의가 시도되어 더 어렵다고 했다. 그때까지도 길게 줄지어 설탕을 사가는 보도를 보면 나라

경제가 너무 피폐했었나보다. 러시아의 보따리상들은 한국에 와서 시장에 넘쳐나는 물건들을 보고 놀라워했다. 미국을 앞질러 달나라에 사람을 보내던 첨단기술이나 최신예무기로도 모순된 사회제도가 무너지는 것을 보면 북한의 미래도 알 수 없는 노릇이다.

외로운 산골에 혼자 살면서 오늘도 나는 환히 밝은 LED 전등 밑에서 신문도 보고 TV도 본다. 잠 안 오는 밤이면 요즈음 새로 바꾼 TV '다시보기'로 지나간 영상들을 보기 위해 여기 저기 눌러 볼거리를 고른다. 그 옛날 사람들은 이 긴긴 밤을 어떻게 보냈을까. 눈부시게 발전하는 남한에서 90을 바라보는 나이에 좋은 세상을 편안히 살아가는 게 그저 고맙기만 하다.

(2014. 12. 1)

유민에게

사랑하는 유민아! 할머니는 너의 집 근처 버스정류장에 내려 마주보이는 다솔초등학교만 보면 입가에 웃음이 번진다. 연한 주황색 벽돌 4층 건물에서 네가 공부하고 있는 모습이 떠올라서 이지. 너는 지금 그 학교 2학년생이다. 학교가 집에서도 가깝고 새로 지은 건물이라 공부하기엔 모든 시설이 완벽하게 갖추어져 있어 마음도 놓인다.

할미는 자랄 때 운동시간이 가장 싫었다. 그런데 너는 우리와 호주관광을 가서도 운동회에서 달리기를 못한 것을 그리도 아깝고 서운해 하더구나. 달리기도 잘하고 또래아이들보다 배드민턴도 잘 치는 우리 유민아! 너는 잠자리에 들어서도 지금쯤 아파트 실내체육관이 문을 닫겠지 아쉬워하며 잠들었다. 한때 너를 지도한 코치는 배드민턴 신동이라고 하며 그 방면으로 키우라는 조언도 하였지. 그러나 네 엄마는 공부에 지장이 있다고 마음 내키지 않아했다.

미술학원에서 장래 희망을 그리라니까 라켓을 쥔 배드민턴 선생을 그리던 너. 어느 날 할머니가 묻는 장래희망을 자신 있게 배드민턴 선생이라고 대답하기에 나는 엄마처럼 영어선생은 어떠냐고 물었다. 조금 망설이던 너는 마지못해 기어들어가는 소리로 "유치부 영어 선생이요."라고 대답했지. 아마도 자신이 없어 어린아이들이나 가르칠 수 있겠다고 생각했나보다.

하지만 학원에서는 형들만 있는 4학년 반에 넣어도 곧잘 따라갈 수 있는 것은 외할아버지를 닮아서일까? 유치원 때 선생님은 너를 스펀지같이 잘 빨아드리는 아이라고 했다. 남들이 많이 하는 태권도는 싫어했지만 특공무술에서는 띠 색깔도 세 단계나 바뀌었다. 나는 사범이 보내온 동영상에서 네 모습을 보는 것이 큰 즐거움이란다.

너는 마음이 꽂히면 TV도 같은 것을 지겨울 정도로 반복하여 보더구나. 만화로 된 마법천자문도 수없이 되풀이 하더니 한자

공부를 시작하였지. 그리고 지난여름에는 기초인 한자 6급 자격도 땄다. 생전 처음 치른 낯선 시험장에서 여학생 누나와 형들과 섞여 앉은 네 모습을 복도에서 찍은 사진으로 보니 얼마나 대견하던지. 마음만 내키면 스스로 잘 굴러가는 할머니 손자 우리유민이다.

초등학교 입학 전 어느 날 네가 보낸 문자를 보고 나는 깜짝 놀랐다. 당진에서 본 발바리 새끼 나누어주는 것이 좀 안쓰러웠나 보다. "할머니 얼룩개 주지마세요. 나 주세요. 내가 다 알아서 집에서 키우겠어요." 너는 엄마의 핸드폰으로 아무렇게나 찍어 단축번호를 눌러 몇 번 보내더니 그날 보낸 너의 문자는 완벽하였다.

너는 요즈음 두 마리의 햄스터와 예쁜 불이 들어오는 어항에 구피와 청소물고기들을 기르고 있다. 햄스터가 비만이 되어 쳇바퀴를 잘 안 돌리면 투명한 공속에 넣어 넓은 마루에서 제멋대로 돌아가는 운동을 시키는 너. 청소물고기는 어항 청소도 잘하지만, 네가 넣어준 시금치의 부드러운 잎 살만 먹고 잎줄기는 모양 그대로 남기는 왕성한 식성을 보였지. 이 모두가 유민이 덕에 할머니도 처음 경험하는 일들이란다.

사랑하는 유민아! 너는 엄마가 시켜서 공부는 억지로 한다고 했다. 그리고 5교시는 죽기보다 싫다고도 했지. 그러나 언젠가는 공부도 학교생활도 네가 스스로 마구 달려갈 열정 있는 아이라는 것을 이 할머니는 알고 있다. 할아버지가 돌아가시고 네가 태어나 지금 할머니는 네가 커가는 모습을 보는 재미로 살아간단다.

네가 유치원 다닐 때 일이었다. 유치원에서 돌아온 너는 박근혜 대통령을 투표하러 가는 네 엄마를 두 팔로 막아서며 "꼭 문재인을 찍어야한다"고 했지. 누가 어린 너에게 그렇게도 똑똑히 가르쳤을까? 엊그제 우리나라는 헌법재판소에서 통진당이 국회에서 쫓겨나는 일이 벌어졌다. 할머니가 어린 너에게 이런 것을 쓰는 것은 통일이 될 때까지 이 나라가 항상 이념문제로 시끄러울 것 같아 내 소신을 밝혀두는 것이다. 어떤 일이 있어도 사회주의 이념에 속아서는 안 된다. 지구상에 하나 밖에 남지 않는 독재국가가 바로 북한이다. 그들의 감언이설에 넘어가면 우리나라의 장래는 없다. 네가 어른이 될 때까지는 우리나라도 통일이 되어야하는데 걱정이다.

사랑하는 유민아! 이 겨울만 지나면 너는 3학년이 된다. 할머니는 살아 있는 동안 유민이가 친구들에게 인기가 있어 반장이 되는 것을 꼭 보고 싶구나. 네가 너그럽지 못한 것이 늘 걱정되어서이다. 양보나 배려를 하지 않고 너무 인색하면 곁에 친구를 둘 수 없단다. 함께 공부하는 너의 반 친구는 무엇보다도 소중한데 너는 좀 쌀쌀맞고 차가운 데가 있는 것 같아 염려된다. 함께 사는 세상에서 남에게 양보도 하고 남을 돕고 사는 따뜻한 배려가 너를 얼마나 행복하게 하는지도 알게 되기를 바라는 마음 간절하다. 할머니는 너의 그런 자질이 초등학교 과정에서 형성되기를 언제나 기도하고 있다.

오늘도 할미는 너의 집 앞 버스정류장에서 내려 네가 다니는 학교를 바라보고 미소 지으며 길을 건넌다. (2014. 12. 22)

5.

홀가분한 인생

홀가분한 인생

모두가 100세 시대라고 하지만 한국인의 마지막 10년은 아프고 돈 없고 외로운 3중고라고 한다. 열심히 자식들의 뒷바라지를 하고 나니 진작 자기의 노후준비는 하지 못했다. 세월과 함께 우리의 의식구조도 바뀌어야 하는데 자기가 쓰는 것에는 인색하면서 자식에게는 아까울 게 없는 것이 우리 모두의 정서다.

내가 아는 J할머니는 영감이 재벌 회사의 공장장을 하며 넉넉하게 살아왔다. 우리가 가면 알뜰한 음식솜씨로 잘 대접을 하기도 했다. 그런데 영감이 세상 뜨고는 아들의 사업실패로 집도 없이 자기가 데리고 있던 양녀의 집에 얹혀살다 갔다.

딸네 집에 다니던 파출부할머니도 그 많던 재산을 모두 아들의 사업자금으로 대주고 노년에 이집 저집 허드렛일이나 하고 다녔다. 그 할머니는 딸자식이라고 공부시키지 않은 부모를 원망하고 있었다.

30여 년 전 경주의 한 문방구에서 만난 주인 할아버지의 하소연은 아직도 생생하다. S대학을 나온 아들이 부모에게 한마디 말도 없이 식구 모두 데리고 미국으로 가버렸다는 것이다. 그런데 할머니는 쓰러져 거동을 못하니 사는 게 말이 아니라고 했다. 동네에서는 많이 공부시킨 것을 나무랐단다. 자식을 키울 때는 공부 잘하는 것만 대견했을 뿐 이런 노년은 짐작도 못했을 것이다.

근래 TV에서 본 어머니는 남편이 죽자 아들에게 선산을 물려주겠다고 했다. 그런데 명의 이전하라고 맡긴 도장을 그 아들이 마음대로 찍어 어머니의 집과 논, 밭 전 재산을 빼앗고 말았다. 아들과의 대면에서 어머니는 "내가 언제 너에게 그걸 주었느냐?"는 말만 되풀이하고 있었다.

돈은 자기가 벌어 써야지 귀한 것을 알지, 부모가 남겨준 돈은 공짜 같아서 옳게 쓰지도 못한다. 그러나 어리석은 부모는 자기가 고생해 살던 때를 생각해 자식에게는 있는 것 모두를 남겨주고만 싶어 한다. 우리 세대는 아직 자식 앞에 재산을 움켜쥐기보다 내어놓기가 더 쉬운가보다. 모질게 마음먹는 것도 영감이 살았을 때 일이다. 한쪽이 먼저 가면 마음이 약해져 자칫 자식의 뒤를 대다보니 그나마 갖고 있던 것도 점점 새어나가는 것은 아닌지.

딸이 본 미국대학의 선생님은 이혼녀인데 대학생인 아들과 함께 쓰는 냉장고 음식도 자기 것, 아들 것을 위아래 칸에 따로 놓고 쓰더란다. 우리가 그렇게 되려면 좀 더 세파의 부대낌이 필요하겠지. 그러나 앞으로의 세대는 우리나라도 그렇게 되어갈 것이다.

어느 날 붐비는 지하철을 타고 오는 길이었다. 70까지는 안 되어 보이는 노인이 큰소리로 떠들어댄다, 하루 3천원만 있으면 행복하단다. 그 돈으로 오늘은 머리도 깎고 친구와 같이 점심을 먹고 오는 길이라 했다. 아마도 복지관에 들렀다 오는 모양인데 본인은 아주 신이 나서 자랑한다. 어떻게 보면 차라리 가진 것 없는 그가 홀가분하고 편안해 보여 보기 좋았다.

노년에는 함께하는 친구가 있어야하겠다. 며칠 전 동창 친구들과 강변로를 따라 단풍 구경을 하며 통일전망대, 파주의 율곡 기념관 그리고 중남미문화원을 돌아서 왔다. 매우 보람 있고 즐거운 시간들이었다. 그러나 80도 중간을 넘은 나이니 모두가 다리 아프고 허리가 아프다며 자주 앉을 자리를 찾았다. 동년배의 친구는 서로가 늙어가는 노화가 이해되고 말이 통해 함께 여행을 가도 즐겁고 편해서 좋다.

100세까지는 못 살아도 축복 받는 노년을 보내고 싶다. 적막한 산골에 홀로 살아도 사는 날까지 이웃에게 후하고 남을 배려하며 살아가야 사는 즐거움도 얻을 수 있을 것 같다. 내 인생의 가을이 가고 겨울은 깊어오는데 나의 말로는 어떤 모습일지 생각이 깊어가는 요즈음이다. (2014. 11. 8)

낮아져 아쉬울 고개

산이 많은 우리나라는 산을 넘어 다니는 고개가 많다. 그리고 숨이 턱에 닿는 가파른 고개를 넘다 보니 그 고개에 얽힌 사연도 많고 그것을 읊은 노래도 많다. '나를 버리고 떠나는 임은 십 리도 못가서 발병이 난다'는 아리랑고개, 창자가 끊어지는 아픈 마음을 노래한 단장의 미아리고개, 애절한 전설이 서려있다는 울고 넘는 박달재 등 고개에는 가사마다 이별의 가슴 아픈 사연이 담겨있다.

내가 사는 집 앞의 길에도 산을 넘는 고개가 있다. 나무하던 아들의 실수로 굴러간 돌이 아버지를 덮친 애처로운 마음이 서려있는 돌때미고개다. 이 고개는 5, 60년 전만해도 한 사람이 겨우 다닐 오솔길에 울창한 나무가 우거졌던 고개라 했다. 천의리와 신시리를 넘나들던 이 고개는 5·16후 새마을사업으로 넓고 낮아졌다. 그리고 내가 이사 온 8년 전부터 하루에 한 차례씩 시내버스도 왕래한다.

하지만 눈이 많이 오는 겨울철에는 1주일씩 버스가 고개를 넘지 못해 다니지 않았다. 그러다 고개 밑에 공장이 들어서고 매일과 같이 끊임없이 큰 차들이 드나드니 눈 오는 날의 어려움으로 다시 또 그 고개를 더 낮추고 2차선 도로를 만드는 공사가 이 봄에 시작된다고 한다. 왠지 눈에 익은 고개가 낮아지는 게 아쉽다.

몇 년 전 나는 버스길을 다니는 사람들의 시야에 들어오는 길가의 소나무들을 다듬어 놓았다. 전정하는 기술자들은 높은 소나무 위에 올라 곡예사들처럼 소나무 가지를 타고 솔가지와 솔잎을 다듬었다. 밑에서 보기도 아슬아슬할 정도의 위험을 무릅쓰고 그분들은 그림과 같이 아름다운 소나무로 가꾸어 놓았다. 그리고 나는 그 소나무 밑 집 앞과 이어진 비탈에 엉켜있는 잡목을 베어내고 대왕철쭉을 심었다. 꽃 피는 5월이면 만발한 빨간 대왕철쭉이 고개를 넘는 버스의 승객들을 즐겁게 하라고.

요즈음 신문에는 CC(캠퍼스 커플)에 빗대어 BC(복지관 커플)나 NC(노인정 커플) GC(게이트볼 커플)이라는 신조어가 생겼다고 한다. 정신건강의학과 교수는 나이가 들수록 사랑, 연애에 파고드는 것은 역설적으로 다가오는 죽음을 의식해 내가 쇠퇴하고 죽어간다는 두려움에서 벗어나려고 사람을 만나 인정받고 교감을 나누고자하는 강한 욕망을 갖기 때문이라 한다.

슬하에 자식이 없던 M여인은 70이 넘어 상처한 P를 게이트볼에서 만났다. 군인장교 출신인 P는 여자들에게 인기 있는 차도 갖고 있고 운전도 잘했다. 성격이 쾌활한 M은 말년에 만난 P에게 많은 호감을 갖고 있었다. 그리고 얼마 후 둘은 살림을 합치고 남자는 세 들어 살던 아파트를 나와 여자가 사는 아파트로 옮겨왔다. 그 후 여자는 무릎관절 수술을 했다. 그것도 한 번에 두 쪽다리 모두를 하고 운동장주변을 힘겹게 걸어 다니는 모습도 목격되었다. 무릎수술은 남편의 헌신적인 협조가 필요했는데 남자와 함께한 산책은 볼 수 없었다.

그러던 어느 날 M여인은 고층아파트 베란다에서 투신했다. 경비원의 전화를 받고 비로소 함께 산 여자의 죽음을 알게 된 남자는 훗날 생전에 가깝게 지냈던 죽은 여자의 친구에게 "먼저

가 미안하다. 당신을 사랑한다."고 쓴 유서를 보였다고 한다. 그런데 왜 여자는 살림을 합치고 들어온 남자에게 아파트까지 남자명의로 바꾸어주었을까? 가까운 언니뻘 친구에게 갈비탕을 먹고 싶은데 돈이 없으니 사달라고 하는 형편에.

청실홍실이 만나서 살림을 일궈가는 것과 달리 황혼결혼은 많든 적든 현실적으로 재산문제가 남녀 모두에게 걸려있다. 외로움을 벗어나려고 하다 자칫 자기 명대로 살 수 없게 된 것은 아닌지. M은 P를 진심으로 사랑했던 것만은 틀림없다. 다만 가지고 있는 재산을 다 주어도 아깝지 않을 M의 사랑에 비해 P의 사랑은 미치지 못했을 것이다. 그러니 M의 죽음은 더 안타깝다.

모든 감정이 메말라 버린 지금 나는 TV에서도 청춘남녀 드라마보다 19번의 시사물이 좋고 늘 보고 사는 돌때미고개도 남녀간의 정실이 담긴 것이 아니라서 더 좋다. 나는 이 고개 아래 살면서 움직일 수 있는 날까지 내 마음에 어리는 여러 가지 일들을 그려내는데 보람과 즐거움을 갖고 여생을 살고 싶다. 끊이지 않는 살아가는 한을 그려내고도 싶다.

어제도 집으로 돌아오니 왜 또 그리 서러운지. 한참을 소리내어 울었다. 사람이란 항시 외롭고 쓸쓸하고 고독한 존재다. 필경은 혼자 남고 혼자 살다 죽어가는 운명을 지녔지만, 새삼 오늘 서러운 것은 내가 죽으면 나만큼이라도 가신 영감을 그리워할 사람이 없을 것 같은 서운함에서 오는 슬픔이다. 내가 가고 없는 세상 어느 누가 나만큼 당신을 기억해 서러워할까? 생각이 여기에 미치면 생전의 영감모습이 생시 같이 또렷이 떠올라 눈물이 난다.

오늘은 고개가 더 낮아지기 전에 내가 본 고개, 내가 다니던 이 돌때미고개를 생생하게 그려놓고 고개에 얽힌 여러 가지 노래를 흥얼거리며 노래에 스민 애틋함에 젖어본다.

(2015. 2. 9)

보령머드축제

보령머드축제는 동양에서 유일한 패각분 백사장인 대천해수욕장에서 열리고 있었다. 해수욕과 머드체험을 동시에 즐길 수 있어 해마다 많은 인파가 몰려오고 있는데 올해가 17회째란다. 행사장에 들어서니 대형 공기주머니로 만든 여러 가지 형태의 놀이기구가 세워졌고, 수영복을 입고 머리에서 발끝까지 머드를 뒤집어 쓴 관광객이 득실거렸다.

청정갯벌에서 진흙을 채취해 불순물을 제거하는 가공을 거쳐 생산된 머드는 화장품개발과 연계해 큰 성공을 거두었다고 한다. 당진 삼길포에 있는 해수탕에서 머드 마사지를 해보면 확실히 피부가 부드럽고 화장이 잘 받는다. 화장품 선전으로 이러한 축제를 연계할 만도 하겠다.

딸네와 함께 간 나는 그저 해변과 마주한 언덕 위의 해송 밭에 접이의자를 펴놓고 축제 분위기를 구경만하고 있었다. 딸네는 입장권을 사고 머드에 뒹군다는 미끄럼틀부터 신나게 달려갔다. 손자가 더 즐거워했다.

얼마 떨어지지 않은 곳에 있는 높은 가설무대에서 가수들의 노랫소리가 들려오더니 어느새 빠른 리듬의 음악이 울려 퍼진다. 무대 아래 모여든 관중은 신이 나서 흔들기 시작한다. 나는 그것이라도 구경해 볼까 해서 슬렁슬렁 그리로 다가갔다.

뚱땅뚱땅 음악에 맞추어 무대 아래 수많은 관중은 손을 들고 흔들어댄다. 요란하게 울려 퍼지는 음악에 맞추어 춤추는 관중 위에 두어줄 물줄기가 퍼부어진다. 음악은 더욱 격렬하게 울려대고 사회자가 "오빠는 강남 스타일" 하고 외치니, 춤추던 관중은 더욱 신명나서 껑충껑충 정신없이 뛰어 오른다.

그때 건너편에 있던 비행기 앞머리만큼 크고 긴 빨간 연통이 슬그머니 움직여 오더니 뽀얀 안개를 뿜어댄다. 아마도 그들이 만드는 화장품의 선전으로 약간의 머드가 섞여 있는 것은 아닐까? 하는 생각이 들었다. 춤추던 관중은 더욱 신명나서 열광한다.

호스를 잡고 물을 뿌려대던 사회자도 호스를 잡은 채 흔들어 대기 바쁘다. 잠시 멈추는 것 같더니 리더는 옆에 놓인 빨간 긴 통을 바꾸어 들었다. 뿜어 나온 비눗방울이 하얗게 공중을 맴돌다 관중 위로 내려앉는다. 광란의 음악은 멈출 줄 모르고 한층 더 요란하게 울려 퍼진다. 잠시 후 호스에서는 또다시 물이 뿌려지며 머드를 씻어낸다. 관중은 즐거워 괴성을 지르며 젊음을 발산한다.

엊그제 지나간 태풍 탓인지 멀리 수평선은 오늘도 흐리고 파도가 세다. 도착했을 때만 해도 멋진 요트가 10여 척 보이더니 지금은 바다에 튜브 타고 노는 아이들만 가득하다. 더 없이 평화로운 바다의 한낮이다.

지나가는 늘씬한 아가씨들의 머드 묻은 비키니 스타일도 보기 좋다. 하나같이 발톱에 칠한 여러 가지 색깔의 페디큐어도 눈요기가 된다. 남녀 쌍쌍 즐거움으로 희희낙락하는 모습도 거슬리지 않는다.

60년 전만해도 여배우들에게조차 빼어난 몸매가 그다지 흔치 않았다. 요즈음은 서울뿐만 아니라 지방에서도 멋진 아가씨들의 몸맵시를 쉽게 볼 수 있다. 근래 우리나라 남녀의 늘씬한 겉모습은 외국에 나가도 손색이 없겠다. 잘 먹고 잘 살며 서구화된 풍족한 생활 여건 덕이겠지. 자라나는 아이들의 뒤통수도 예전과 달리 모두가 툭 불거져 나와 만들어 놓은 것처럼 예쁘다. 내가 자랄 때만 해도 뒤통수가 불거져 나온 남자아이들을 도끼머리라고 놀려댔는데.

들려오는 음악에 맞추어 건너편 자리에 서 있던 젊은 여인이 혼자 살짝 살짝 흔드는 모습이 아름답고 보기 좋다. 모였다 하면 술판을 벌이고 보기 안 좋았던 광경도 많이 사라지고 해변에 술병이 눈에 뜨이지 않는다.

원색(原色)의 파란 바다 가에서 머드화장품의 원질(原質)을 바르고, 모두가 하나 되어 원형(原形)의 춤을 추는 볼만한 축제한 마당이었다. 모처럼 여름 바다에 와 경쾌하고 건강한 해변의 축제에 젖어 하루를 보낸다.

보령머드축제는 여러 나라 언론사에서도 소개하고 있어 내국인보다 외국인들에게 더욱 인기가 높다고 한다. 그래서인지 동서양의 외국인이 많이 보인다. 아무쪼록 우리나라 머드축제를 세계적인 명물 축제로 이끌어가길 바라는 마음 간절하다.

(2014. 8. 4)

때비누

TV 홈쇼핑에 '때비누'가 나왔다. 여러 개의 때비누와 함께 몸과 발을 닦을 두 종류의 장갑에 등을 씻을 긴 수건도 들어있었다. 선전과 같은 효과가 있을지 망설이다 주문했다.

써보니 더운물에 불리지 않아도 힘들여 때를 밀지 않아도 발이나 손등을 깨끗하게 닦을 수가 있어 얼마나 좋은지 모르겠다. 목욕 후의 피부도 아주 매끄럽고 부드럽다. 대중탕에 가서 늘 목욕도우미에게 밀어달라지 않아 경제적으로도 보탬이 되겠다.

혹시 몸에 해롭지나 않을지 동창모임에 가서 때비누 이야기를 했더니 의사 아들을 둔 친구는 진작 아들이 갖다 주는 각질 제

거용으로 발을 씻는다고 했다. 겨울에 각질제거나 때로는 갈라진 발뒤꿈치도 그것으로 닦으면 아주 깨끗하게 잘 씻긴다니 때비누에도 그런 성분이 들어 있는 것이 아닐까? 이제부터 목욕도우미들의 수입도 줄어들게 되었다.

얼마 전에 내한하는 외국 팝스타들의 통역을 맡고 있는 T씨의 신문 기사가 났다. 그녀는 새벽에 강남의 4성급 호텔의 사우나에 가면 조용하고 때 밀기가 좋다고 했다. 함께 간 여성 팝스타들은 저마다 목욕도우미 아줌마의 서비스를 받고 그렇게 좋아할 수가 없다고 했다. "어떻게 피부가 이렇게 매끈할 수 있느냐?"며 감동한단다. 미국에는 대중목욕탕이 없고 호텔이나 가정집 모두 물이 튀지 않게 커튼을 친 욕조 안에서만 몸을 닦는다. 커다란 욕조의 따스한 물에 피로를 풀고 목욕도우미가 때를 밀어주니 얼마나 편하고 기분이 좋았을까?

온천이 많은 일본도 본시 때는 밀지 않는데 때를 밀어주는 한국의 대중탕이 좋아 관광 온다고 한다. 앞으로 '때비누'가 있어 깨끗이 닦을 수만 있다면 굳이 번거롭게 대중탕을 찾지 않아도 될 것 같다.

동남아 관광의 패키지로 마사지가 끼워 있는 경우가 많다. 그러나 그곳에는 목욕 시설이 없다. 떠나기 전에 반드시 사우나에서 목욕을 깨끗이 하고 가야 마사지를 받아도 기분이 좋다. 지난여름 필리핀에서 마사지 후 들어간 욕조는 아직도 기억에 남는다. 은은한 불빛에 비친 작고 매끄러운 대리석 검은 욕조에는 빨간 꽃잎과 군데군데 쟈스민의 하얀 꽃송이가 물 위에 떠 있었다.

먼저 들어간 딸이 부축하느라 내민 젖은 팔뚝에도 남국의 도톰한 빨간 꽃잎이 감기지 않고 얹혀 있었다. 물속에 들어가 쳐다본 작은 천장에는 양산을 편 것 같은 아름다운 조명이 욕실의 분위기를 한층 돋워주고 있어 그야말로 동화에나 나옴직한 황홀한 분위기였다. 한국 관광객이 많이 찾아오나 보다. 마사지사의 연신 묻던 "괜찮아요?"라는 한국어를 들으니 국력의 신장을 느낀다.

초등학교 때였다. 명절을 앞두고 붐비는 대중탕을 피해 동생을 데리고 친구 집에서 목욕하게 되었다. 만주에서 어묵 공장을 하다 돌아온 그 친구네는 아주 부자였다. 그때 우리 셋이 들어간 욕조는 기름집 깨 볶는 솥처럼 생긴 큰 무쇠솥이었다. 밑에서 불을 지피니 물 위에 떠있는 나무 발판을 잘 밟고 들어가야 했다. 잘못 밟으면 발판이 다시 떠오르니 그때마다 우리들은 깔깔대며 목욕을 했다. 밤늦게 집에 돌아왔을 때, 하얗게 눈 내린 밤길에서 시린 발을 구르며 기다리고 계시던 어머니가 생각난다.

내가 자랄 때 가족과 함께 목욕탕에 가면 어머니는 나와 동생들을 돌아가며 닦아주느라 땀에 흠뻑 젖어 힘겨워 하셨다. 나중에야 당신의 몸을 닦으며 손이 닿지 않는 등을 서툰 우리들에게 내밀었다. 지금처럼 이태리타월도 없었고 라면발 같은 얇은 나무껍질을 넣고 헝겊으로 싼 타원형의 솔이 고작이었다.

엄마가 때를 밀면 아파서 찡그리던 기억이 난다. 수요에 따라 상품은 개발되는데, 아파트시대가 열린 지도 40여 년이고 보면 '때비누'나 '요술장갑'은 참 오랜만에 출시되는 상품인 것 같다. 문 꼬리에 젖은 손이 쩍쩍 들러붙던 함경도의 추운 겨울, 가마솥에 데운 물을 바가지로 떠 세수나 겨우 하던 시대를 겪어 온 나에게 더운물 쏟아지는 밝은 욕실에 '때비누'까지 갖추니 더 바랄 것이 없다.

전쟁 통에 어머니와 헤어진 지도 60여 년이 지났다. 말년에 병들어 고생하신 어머니는 누구에게 의탁하여 살다 가셨을까? 살뜰히 몸 한 번 씻어드리지 못한 지난 세월이 새삼 한이 되고 죄스럽기만 하다. 어찌 몸에 낀 때뿐이겠는가. 마음에 켜켜이 쌓인 한은 또 어찌 하고….

치간 칫솔

몇 년 전 임플란트 치과시술이 끝난 나에게, 치과간호사는 이 틀 모형에 대고 잇새를 닦는 치간 칫솔 사용법을 가르쳐주었다. 그러나 받아온 치간 칫솔은 잇새로 들어가는 솔 있는 부분을 꺾어서 쓰니 목이 부러져 몇 번 쓰지도 못하고 모두 망가지고 말았다.

그 후 일본 관광 중에 슈퍼에 들른 나는 여러 가지 생활 소품 속에 걸려 있는 치간 칫솔을 발견했다. 서너 개씩 묶어 놓은 판에는 110°로 꺾어져 있어 부러지지 않는 초강도 와이어라는 상품 선전 문구도 있어 한판 사왔다. 그러나 한동안 서랍 속에 그대로 두고 잊고 있었다.

어느 날 어금니 잇몸에 염증이 생겨 종합병원 치과에 갔더니 의사는 치간 칫솔을 쓰는 수밖에 없다고 하였다. 잇몸 수술만을 생각하고 간 나는 다행이다 싶어 의사가 알려준 병원 지하 매점에 갔다. 몇 가지 치간 칫솔이 걸려 있었지만 모두가 조잡하고 고를 만한 것이 없었다. 하는 수 없이 주인이 권하는 미제 상품으로 사왔지만 그것은 와이어가 너무 투박하여 쓸 수가 없었다. 우리 집에는 이렇게 사놓고 쓰지 못하는 치간 칫솔이 여러 개가 있다. 그때 문득 일본 여행에서 사온 것이 생각나 서랍 속에 둔 것을 찾아 써보았다. 얼마나 기분 좋고 마음에 드는지 당장 일본 라이온사의 영업부에 편지를 보냈다.

규슈여행에서 귀사의 치간 칫솔을 사서 써보니 너무 좋은데 여기서는 살 수 없으니 송금처를 알려주면 돈을 보내겠다고 하며 여행에서 사온 상품명을 적어 보냈다. 한 달이 지났을까? 좀처럼 소식이 없더니 하루는 우체통에 낯선 우편물이 있었다. 뜯어보니 상품 선전용 우편물 같아 여느 때같이 잘 훑어보지도 않고 버리려고 하는데, 광고에 붙어 있는 명함에 "꼭 전화 주세요."라는 글자 아래 밑줄이 진하게 그어져있었다. 자세히 광고를 보니 갖가지 치간 칫솔 그림이 찍혀있었다.

그 우편물은 바로 일본 라이온사와 무역하는 한국 상사에서 온 것이었다. 아마도 일본에서 우리 집 주소를 알려준 모양이다. 여러 약국에서 혹시나 있을까하여 눈여겨보았는데 찾을 수 없었던 것은 자기들은 일반 판매는 안 하고 병원에만 납품한다고 했다. 나는 얼른 치간 칫솔과 임플란트 시술자에게 좋다는 칫솔 등을 주문하였다.

지난여름 오래 쓰던 냉장고 하나가 고장이 나서 버리고 새 것을 샀다. 나는 컴퓨터만 빼고 가전제품은 모두 L사의 것으로 쓰고 있다. 그런데 어찌된 일인지 이번에 들여놓은 냉장고는 30㎝ 페트병이 들어갈 자리가 아무데도 없었다. 7년 전에 사서 지금도 쓰고 있는 그보다 약간 작은 냉장고도 문에 페트병을 꽂을 데가 있었는데 그보다 큰 냉장고에 없다니 이해가 안 간다. 음료수 병을 세울 데가 없어 누여 놓고 쓰니 냉장고 열 때마다 짜증스럽다. 날로 새로운 것을 개발하고 발전해 세계에 그 명성을 널리 알리고 있는 재벌회사 것도 사기 전에 일일이 확인할 필요가 있었을까? 냉장고는 먹어치울 수 있는 것도 아니고, 즐겁고 만족하며 쓸 수 있는 상품이어야 하는데 내 생애 다시 또 바꿀 수 있는 물건도 아니고…. 음료수병 하나 세워놓을 공간이 없는 냉장고를 만들다니 어찌된 영문인지 회사에 서신으로 물어 보았다. 그러나 아무 소식이 없었다. 그러다 어느 날 냉장고 문의 맨 아래가 아니라 두 번째 칸에 페트병 꽂을 데가 있는 것을 알아냈다. 아마도 그 회사는 눈여겨보지 못하는 내 말에는 대꾸할 필요조차 못 느꼈나 보다.

치간 칫솔 구입 차 일본에 편지를 쓰면서 제조회사를 눈여겨보지 않았지만 마지막에 겉봉투를 쓰다 내가 어렸을 때 쓰던 가루 치약 '라이온 치마(齒磨)'가 생각났다. 115년을 대를 이어 연구하고 번창하여 지금은 명실 공히 칫솔 치약분야의 톱 메이커로 자리매김하고 있는 회사였다. 그런 회사의 영업부에 그것도 외국인이 보낸 개인의 편지에도 답해준 것에 감동을 받았다. 소비자의 마음을 헤아리고 얼마 되지 않을 수요에도 귀를 기울여 도와주려는 기업정신이 고맙고 놀라웠다.

치간 칫솔은 요즈음 우리가 살아가는 새로운 생활용품에 없어서는 안 될 필수품이 되었다. 이쑤시개를 쓰면 잇몸에 염증을 일으킬 수도 있지만 치간 칫솔은 식후의 치아 청결 유지에도 필요하다. 우리나라에도 하루 빨리 좋은 상품이 나오기를 기대한다. 무엇보다도 한 사람의 고객에게라도 소홀히 하지 않는 기업정신이 그 기업을 육성하고 번창시킨다는 것을 잊어서는 안 되겠다.

한의원

100세 시대를 살고 있다지만 수명이 늘어난 만큼 한의원에 가면 노인 환자가 바글바글하다. 모두가 무릎이나 어깨나 허리의 아픔을 호소한다.

어느 날부터인지 베개를 잘못 벤 때처럼 목이 아프다. 병원에 갔더니 의사는 Xray를 보고 “무슨 직업을 갖고 있느냐?”고 물었다. 퍼뜩 떠오르는 게 없어서 “할머니가 직업은 무슨….” 그러다 생각해 보니 오랫동안 컴퓨터 앞에서 너무 긴 시간을 보냈던 것 같다. 그것이 결국 목뼈의 5번과 6번 사이 6번과 7번 사이를 좁혀 갔나 보다. 의사는 이 병으로 죽지는 않는다고 하면서 간

호사를 시켜 작은 인쇄물 쪽지를 건네주었다. 거기에는 베개를 낮게 베라든가 무거운 짐을 들지 말고 고개를 오래 숙이고 일하지 말라는 일상생활의 주의사항이 적혀 있었다. 물리치료를 하고 약을 받아왔는데 진통제가 들었는지 약간 몽롱하고 약기운이 떨어지면 다시 아프다.

2년 전 무릎 관절로 인공관절 수술 직전까지 갔던 나는 한약과 침을 맞고 통증도 나아서 걸을 수 있게 되었다. 그러나 이번에는 병원에서 찍은 목디스크 Xray를 보아서인지 용기가 나지 않아 나을 수 있느냐고 묻지도 못했다. 그런데 약과 침으로 얼마 지나니 목 오른쪽에서 위로 뻗쳐 올라가는 짜증스러운 아픔은 슬그머니 사라졌다.

나는 지난날 쉽게 풀리지 않는 걱정거리가 있을 때나 가슴조이고 어떤 결과를 기다릴 때에도 장부를 펼치고 일을 했다. 계약이 될 듯하면서도 잘 되지 않을 때의 초조함도 몰입할 수 있는 일로 장부를 펼쳐들었다. 5년씩도 묶어보고 10년, 20년간의 수입과 지출도 묶어본다. 20년간 판 나무의 종류별 판매대금과 묘목의 종류별 구입대금도 연도 별로 기록해 놓았다. 숫자를 다루는 장부정리만큼 나에게 확실한 성취감을 주는 것은 없었다.

정신없이 살아온 지난 세월, 10년을 아예 건너뛴 것 같은 흐린 기억도 장부를 펼쳐보면 여러 가지 일들을 한 흔적이 또렷하다. 어느 누가 따져보기를 하나 훑어보기를 하나 그래도 정확하게 이어나간 44년의 오랜 세월이었다. 몸에 밴 그 일은 일상생활의 반성과 함께 위안도 주고 자신감도 주었다.

이런 나에게 경종이 울린 것이다. 고개를 숙이지 않고 일하기란 어려울 것이다. 더욱이 지금은 수필공부까지 해야 하는데, 내 몸은 얼마나 버티어 줄지.

한약은 의료보험이 안 되는 게 흠이지 신통한 효과를 본다. 외과의사의 말과 같이 목뼈가 제자리로 돌아오지는 않겠지만 두어 달 한의원에 다녔더니 목이 불편하여 짜증스럽던 현상은 싹 사라졌다. 간혹 목을 좌우로 돌리기 불편했던 것을 잊기도 한다. 그런데 몇 년이 지나니 이번에는 허벅지가 당기면서 허리가 아프다. 허리를 펼 수가 없으니 앞으로 구부러지고 길에 나서도 앉을 자리만 찾는다.

허리가 너무 아파 한의원에 갔다. 두어 달 다니며 침을 맞고 약을 먹었더니 이제는 좀 허리도 펴고 걸을 만도 하다. 나이가 들면 별수 없이 한의원에 다니는 것을 일과처럼 여기고 살아야겠다. 옛날에는 약재도 중국 것을 선호하고 중국인 한의사를 더 용하다고 했지만 지금은 우리나라 젊은 한의사가 더 믿을 수 있는 실력을 가지고 있다.

얼마 전 신문에는 선친 때부터 내려오는 어느 돈이 많은 한의사 선생님은 외국어를 잘하는 한의대 출신 학생을 선발하여 세계로 진출시키겠다고 하셨다. 너무나 좋은 발상이다. 한의학은 노인들에게 필수부가결하다. 노인뿐만 아니다. 20여 년 전 딸아이가 미국에서 돌아오기 사흘 전 발목을 삐어 병원으로 갔지만 찜질 약밖에 없었다. 그러나 귀국하여 한의원에서 침을 맞으니 금방 말짱하게 낫는 것을 보더라도 침의 효능이 얼마나 큰 지 알 수 있다.

무슨 일이든 지나치게 몰입해서도 안 되겠다. 어찌 목, 허리, 무릎뿐이겠는가. 이제부터는 무리를 하지 말고 적당히 살살 몸을 달래가며 살아야 하겠다. 그래도 아직까지는 아프면 달려갈 수 있는 한의원이 있으니 얼마나 다행인지 모르겠다. 나는 오늘도 이 나라에 태어나 이 나이까지 좋은 시술을 받으며 살아갈 수 있는 것을 고맙게 여기며 가벼운 걸음으로 한의원을 나선다.

(2014. 3. 21)

필리핀 단상(斷想)

노부부가 은퇴 후 살기에 좋다는 필리핀은 생전에 꼭 한 번 가보고 싶은 곳이었다. 그래서 이번에 택한 곳이 관광지로 유명한 필리핀의 세부였다. 필리핀은 1571년 스페인의 식민지가 되고 1898년 미국과 스페인 전쟁으로 2,000만 달러로 미국에 양도되었다가 1946년 공화국으로 독립된 나라다.

밤 12시가 넘어 도착한 공항의 입국장은 찜통더위에 냉방도 되지 않았고 여러 개의 여행사가 섞여있어 혼잡스러웠다. 다행히 우리가 묵을 리조트는 깨끗한 자연환경 속에 휴양지의 면모를 훌륭하게 갖추고 있었다. 옆으로 길게 자리 잡은 '플렌테이션 베이'는 단층과 이층 건물들로 몇 개의 수영장을 에워싸고 산재

해 있었다. 우리가 화분에서 기르는 남국의 나무들로 우거진 숲 속의 숙소는 외부 세계와 완전히 차단된 별천지였다. 식당은 단지 내의 한쪽 방향으로 순회하는 카트를 타고 가야한다.

7,100여 개 섬으로 이루어진 필리핀도 동남아의 다른 나라들 같이 식수가 문제였다. 깔끔한 수도꼭지 위에 이 물은 '먹지 못한다'는 글귀가 플라스틱 조각에 붙어있다. 이곳의 물은 뼈를 녹이고 이를 버리게 한다니, 심지어 양치물도 생수를 써야했다. 이곳 주민들은 물을 사서 먹거나 큰 독에 빗물을 받아 가라앉혀 먹는다고 한다. 흔하게 써야 할 물이 귀하니 딱한 일이다.

리조트 근처의 낙후된 거리의 모습은 50여 년 전의 우리나라보다 못 했다. 녹슨 양철지붕의 허름한 집들은 추위가 없으니 대충 가리고 사는 것 같았다. 그러나 그런 집 뒤쪽에는 보기 좋은 이층집도 간간이 눈에 띄었다. 70대 30으로 빈부가 갈린다고 한다. 지프차를 개조해 양쪽에 긴 의자를 만들어 붙인 간이 자동차(지프니)를 타고 다니면서 바다도 나가보고 시내 구경도 했지만 단편적인 것만 볼 수 있었다.

밖에 나서면 보이는 길가의 닭들은 모두가 싸움닭으로 기르는 것이라고 했다. 거의 모든 집에서 아름다운 색깔의 닭들을 비만 가릴 수 있는 허술한 개집 같은 닭장에서 기르고 있었다. 이 나라 사람들은 닭싸움을 아주 즐긴다고 한다. 고달픈 생활에 승부

욕을 충족시킬지는 몰라도 좀 잔인하단 생각이 들었다.

저녁이면 우리나라 포장마차 정도의 작은 가게에 크기별로 주렁주렁 매달아놓은 노란 양철냄비를 볼 수 있었다. 만들어 놓은 음식이 담겨있어 골라먹는 간이 식당이라고 했다. 필리핀의 짜고 매운 음식과 잘 어울린다는 콜라 간판이 유독 많이 보인다. 수질이 나쁜데다 콜라도 많이 마셔 거의가 치아는 망가지고 대체로 키들도 작았다. 길가에 어슬렁거리는 개나 고양이도 깡마르고 살진 것이 없었다.

필리핀에 많이 나는 과일에 망고와 망고스틴이 있다. 갑오징어 뼈 같은 큰 씨가 있어 자르기는 불편하지만 맛은 좋았고 두꺼운 껍데기 속에 든 하얀 마늘쪽 같은 망고스틴도 맛있었다. 많이 돌아다니지 못해 경작지는 보지 못했지만 드문드문 자라는 높다란 야자나무 외에는 우리나라 같으면 콩이나 옥수수라도 심을 만한 땅들이 그대로 버려져 있었다.

시장이나 시내 관광은 가는 곳마다 한창 공부할 나이인 아이들이 조잡한 구슬목걸이나 목에 거는 지갑, 장난감 기타 등을 들고 따라다니며 사달라고 애걸을 한다. 그 속에 어린 아기를 껴안은 여인의 구걸에 선불리 지갑을 열 수 없어 그냥 지나쳐버린 것이 상금 마음이 아프다.

5·16후 박정희 전 대통령이 이 나라에 식량 원조를 받으러

오셨단다. 그러던 나라가 관개시설이 안 되어 지금은 식량자급이 어렵다고 한다. 엊그제 신문에 50년 전 최빈국 한국에 필리핀이 지어준 돔으로 된 장충체육관을 다시 리모델링하는 사진기사가 실렸다. 방금 보고 온 나라여서 감회가 새롭다. 필리핀 전 대통령 마르코스의 영부인 이멜다 여사의 5천 켤레의 구두는 세계 토픽감에도 올랐었다. 그녀는 구두를 아껴 꼭 카펫 위만 걸었다고 한다. 모피 코트를 자랑하기 위한 파티에서는 여러 대의 에어컨을 가동하였단다. 실내온도를 영하 40도까지 낮추는 바람에 동석한 다른 사람들이 모두 감기에 걸렸다는 일화 등 가이드의 입담은 이어져갔다. 구걸하는 거리의 아이들을 보면 사뭇 이해하기 어려운 일이 아닐 수 없다.

올해 말이면 우리는 또 지도자를 뽑는 선거를 치르게 된다. 고루 잘 살게 하는 훌륭한 정치지도자가 간절히 소망된다. 세부의 작은 단면을 보고 그 나라 실정을 모두 알 수는 없지만 돌아오자마자 인천공항의 화장실 앞에 놓인 청결한, 높고 낮은 식수대가 먼저 눈에 띈다. 물가가 싸고 인건비가 싸서 노년에 살기 좋다지만 산 좋고 물 좋은 이 나라 금수강산, 어데 간들 이보다 나은 곳이 있으랴. 이 나라 국민으로 살게 된 것이 더없이 고맙고 행복하다.

산토끼

언제나 외출했다가 빈집으로 들어서면 그 적막감과 허전함으로 눈물이 나곤했다. 그런데 산토끼를 기르면서 그 쓸쓸함에서 벗어나는 것 같다. 몇 번을 놓아줄까도 생각했지만 정붙일 곳이 없고, 이런저런 잡념에서도 헤어나고 싶어 이웃에 부탁하여 토끼장도 짜왔다. 요즈음은 토끼풀 뜯어대고 토끼장 청소하느라고 걸핏하면 잘 울던 나에게 아무 생각 없이 토끼 기르기 바쁘고 그것에 위안도 받고 산다.

2개월 전이다. 고장 난 예초기의 부품을 갈려고 당진 시내로 나오면서 인부 K는 나에게 산토끼를 기르라고 했다. 나는 지금 기르는 개도 두 마리가 버거운데 토끼까지는 안 된다고 거절했다. 그런데 트럭에서 내린 나에게 트럭 적재함에서 이리저리 뛰어다니는 산토끼 두 마리를 보여주었다. 나는 깜짝 놀라 집에 도착하자마자 더운 날씨에 빨리 내려놓으라고 빈 박스에 옮겨 담았다.

산토끼 지능은 강아지보다 낮은 것 같아 좀 아쉽다. 나는 하루 두 번 토끼우리를 청소해 주고 맛있는 먹이를 갖다 준다. 이제는 내가 낯익을 만도 하건만 매번 두려워서 우리 속을 정신없이 뛰면서 사뭇 공격적이다. 내 주먹만한 짙은 갈색 산토끼 두 마리는 너무 귀엽다. 나는 생후 보름쯤 되어 보이는 토끼를 잡은 지점부터 물어보았다.

훗날 기르기 힘들어 풀어 놓을 때 그 지점을 확실히 알아 두기 위해서였다. 작업로의 퇴비더미 곁에 어미와 함께 있다 갑작스러운 예초기 소리에 미처 도망가지 못하고 잡혔으리라. 몇 사람에게 물어보니 집토끼와 달리 산토끼는 성질이 과민하여 가두어 기르면 거의가 죽고 만다고 했다. 그러면서도 방사를 한다면 자기에게 달라고 하니 그대로 내가 길러보기로 했다.

수원에 있는 외손자에게 토끼이야기를 했더니 토요일에 당장 토끼를 보러 왔다. 그리고 제 어미와 함께 할아버지 산소에 올라가다 방금 본 토끼와 꼭 같은 산토끼를 퇴비더미 옆에서 보았단다. 납작 엎드려있는 토끼를 맨 손으로는 잡을 수 없어 아이 겉옷을 벗겨 덮치려고 하니 토끼는 벌써 깡충깡충 잘도 뛰며 빠른 속도로 내려가더란다. 아마도 새끼 세 마리였는데 두 마리를 잡은 것 같다.

다음날 아침 손자는 토끼 안부를 문자로 물어왔지만 토끼장에 가본 나는 깜작 놀랐다. 한 마리가 없어진 것이다. 나는 남은 한 마리가 불쌍하여 여러 곳에 토끼의 짝을 맞춰줄 토끼농장을 인터넷으로 알아보았다. 딸은 그날 놓친 토끼를 무척 아쉬워했지만 우리 같은 얼뜨기에게 잡힐 토끼는 아니지. 식당을 하던 비어있는 큰 건물 안에 놓인 토끼장이라 어느 때든 굶어 죽은 상태로 발견될 것만 같아 여간 마음이 쓰이지 않았다.

그런데 그날 밤 서재에서 나오는데 무엇인가 휙 지나가는 것이 있어 눈여겨 살폈더니 바로 거실 냉장고 곁에 토끼가 쪼그리고 있는 게 아닌가. 나는 얼른 아랫집에 전화로 와달라고 하여 냉큼 잡아 토끼장에 넣었다. 아마도 손자가 마지막에 혼자 보았을 때 밀치고 나왔나보다. 혹시나 하여 토끼장 앞에 뜯어온 풀들을 놓아두었는데 먹은 흔적도 있는 것 같았다. 토끼장이 있는 식당에서 환히 밝은 전등불을 쫓아 더워서 열어놓은 현관문으로 들어왔나 보다. 우선 굶어 죽지 않아 다행이고 남은 녀석 외롭지 않아 잘되었다.

토끼는 아침저녁 미룰 수 없는 일거리와 보는 재미도 준다. 민들레와 씀바귀를 뜯어다주니 잘도 먹어치운다. 알파파 건초도 사다주고 아기 사료와 분유도 타준다. 당근과 가지도 잘라주니 작은 이빨 자국이 아주 귀엽다. 무엇보다도 손자가 자주 와서 보고 좋아하니 보람도 있다. 토끼가 움직일 때면 쫑긋한 귀가 다른 동물에서 보지 못해 신기한가 보다.

토끼는 야행성이라 사람이 보는 낮에는 잘 움직이지 않지만 어쩌다 본 자기 몸길이보다 긴 싱싱한 씀바귀 잎 가운데를 물고 서 있는 귀여운 모습은 너무 앙증맞다. 토끼에 마음 붙이고 내년 봄에는 토끼가 좋아하는 가지와 당근도 심어 토끼와 더불어 살아가면 좋겠다. 그러다 어느 날 힘에 부치면 그대로 방사하면 되니 생명가진 녀석의 마지막 처리도 문제가 없을 것 같다.

그러면서 나는 아프리카에서 애지중지 기르다 자연으로 방사한 사자새끼 에리사가 훗날 자기가 낳은 가족 이끌고 찾아 왔더라는 재미나고 흐뭇한 실화를 토끼 가족에게 꿈꾸어본다. 나는 방사한 토끼가 나를 잊지 않고 찾아와 내가 갖추어 놓은 여러 가지 먹이를 먹고 간다면 그것도 성공한 일화가 될 것 같다. 허황된 꿈이 아니기를 바랄 뿐이다.

요즈음 집 주변을 뛰어다니는 어미 토끼를 나는 여러 번 보았다. 어제는 토끼 보러 온 동네 아이가 강아지도 보고 간다더니 내게 달려와 방금 토끼장의 토끼와 꼭 같은 토끼를 보았다고 말해준다. 한배로 태어난 토끼는 아직도 자기식구 찾아다니는 것은 아닐까?

아쉽지만 들에 먹이가 풍부한 가을까지는 우리 집 토끼들도 놓아 주어야겠다. 가족과 함께 넓은 산야를 깡충깡충 마음대로 뛰놀며 재미나게 살도록. (2014. 8. 4)

해로(偕老)

사전에는 부부가 한평생 같이 지내고 늙음을 '해로'라고 했다. 흔히 예식장 주례사에는 해로를 검정머리가 파뿌리 될 때까지라고 말하지만 요즈음은 황혼이혼도 많으니 죽는 날까지라고 덧붙여야겠다.

내가 자랄 때만 해도 여자의 삼종(三從)을 미덕이라고 배워왔다. 어려서는 아버지를, 시집가서는 남편을, 남편이 죽으면 자식을 따라야한다고 했다. 여학교 운동장 귀퉁이에서 일본인 교장 선생님이 부인과 함께 대화하는 광경을 보았다. 사모님은 한쪽 무릎을 땅에 짚고 남편인 교장을 올려다보고 대화하고 있었다.

글쎄 자라나는 우리에게 여자의 본을 보인 것일까?

그런 일본에도 2차 대전 후 남편이 정년퇴직을 하면 어느 날 쟁반에 차를 바쳐 들고 와 "오랫동안 신세를 졌습니다." 하고 갈라서겠다고 한단다. 혹은 자식들이 신혼여행 떠난 비행장에서도 일방적으로 이혼을 선언한다던데 근래 우리나라에도 이런 황혼 이혼이 번져간다고 한다.

우리 세대까지만 해도 가사나 육아를 여자만 해왔다. 퇴근한 남자는 가까이에 있는 재떨이도 여자를 시켜 갖다달라고 했다. 황혼이혼을 들을 때마다 아들가진 나는 남자도 주방 일을 익혀야겠다고 생각한다. TV에서는 우리 눈에도 익숙한 젊은 남자들이 요리하는 모습을 가끔 본다. 보기가 좋다.

지난날 많은 남자들은 살림에 여유만 생기면 고요한 가정에 풍파를 일으켰다. 하다못해 로또 당첨자도 갑자기 돈이 생기면 이혼부터 한다니 돈이 오히려 불행을 가져오는 안타까운 현상이다.

여학교 선배인 J여사는 오랜 세월 남편의 바깥 생활을 까맣게 모르고 살았다. 말년에 중풍 걸린 남편의 병시중과 고된 살림을 지문이 닳도록 힘들게 꾸려가고 있을 때였다. 난데없이 남편을 찾아 웬 젊은 여자와 16세 남자아이가 나타났다. 너무나 큰 충격을 받은 J여사는 남편이 돌아가신 후에도, 속고 산 지난세월이 용서가 되지 않아 늘 자기 연민에 빠져 비탄에 젖어 살다가 셨다. 허우대 좋은 남편이었지만 한 여자의 삶을 송두리째 짓밟고 간 것이다.

해로를 다짐하고 사는 부부의 연에도 어쩔 수 없는 경우가 있나보다. 내가 만난 K여사는 비록 초등학교밖에 못나왔지만 서글서글한 성품에 남편이 생전에 하던 큰 과자대리점도 잘 운영하고 있었다. 그런 그녀에게도 아프고 어쩔 수 없는 지난날이 있었다. 어처구니없게도 시간을 놓쳐 맹장염으로 남편을 잃었다.

술로 인한 단순한 배앓이로 여겼단다. 비보를 듣고 맨 먼저 달려온 남편의 정인이 머리 풀고 대문 안에 들어섰을 때, 안주인 K여사는 살아서 네 마음대로 했지만 죽어서는 안 된다며 끝내 여인의 문상을 막아섰단다. 고등교육을 받고 문학에도 소질이 있어 글도 곧잘 쓰며 알뜰한 술집을 경영하던 그 여인을 죽은 남자는 무척 마음에 두었었나 보다.

남들은 이제 죽은 마당에 문상까지야 막을 필요 있었겠느냐며 외려 거부당한 여인을 가엾게 여겼다. 내가 살던 지난세대 이야기들이다.

신문에는 세계적인 러시아 신흥갑부가 이혼하는 사건이 났다.

50도 안 되는 사람들이 이혼 위자료로 4조원이 넘는 돈을 청구한다니 우리로서는 상상할 수도 없는 일이다. 법원은 이와 별도로 딸 양육권과 스위스 고급휴양지 호화주택도 여자에게 넘기라고 판결하였단다. 남편이 요트에서 여자들과 밀회를 즐기면서 결혼생활을 충실히 하지 않는다고 이혼 사유를 밝혔다. 돈을 많이 벌면 가정파탄부터 오나보다. 골프의 황제 타이거 우즈도 많은 여성편력으로 끝내 엄청난 위자료를 지불하고 이혼하더니 근래는 골프 성적도 전만 못한 것 같다.

그런데 얼마 전 신문에 랄프 로렌 인터뷰기사가 났다. 우리도 잘 아는 말을 탄 기수가 로고로 새겨진 '폴로' 상표를 만들어 내는 패션왕국의 황제다. 2만 5천여 명의 직원과 7조 원의 부를 쌓은 그분은 인생에서 가장 행복한 순간을 좋은 가정을 일궈 올해 결혼 50주년을 기념할 수 있는 게 무척 행복하다고 했다. 그러면서 그는 가장 행복한 순간은 아무 일도 없을 때의 단순한 평화라고 했다. 아무 일도 일어나지 않는다는 것은 어떻게는 가장 무미건조하고 재미없을 수도 있는데 그 순간을 가장 좋다고 한 말에 나는 깊은 감명을 받았다.

해로한다는 것도 그런 것이 아닐까? 뜨겁게 달아오르는 정열도 새로운 관계를 시작하는 설렘은 없지만 추억을 간직한 익숙하고 정든 포근함이 가장 좋을 수도 있다. 어려운 인생살이 함께 잘 헤쳐 죽을 때가 되면 사랑하는 가족에게 둘러싸여 가족의 애도 속에 간다면 더 이상 아름답고 복 받은 인생이 없을 것 같다.

(2014. 8. 15)

나의 어머니

이은정 (막내딸)

빈손으로 북에서 내려오신 어머니는 결혼해서 우리 삼남매를 키우셨다. 어릴 때부터 내가 본 어머니의 모습은 언제나 바쁘고 에너지가 충만하셨다. 남자 못지않은 추진력으로 한 번 마음먹은 일이면 어떤 어려움이 있더라도 끝까지 밀고 나가셨다. 아마도 어머니께 가장 행복한 순간은 당신이 뭔가를 계획해서 불가능한 일을 만들어내는 과정에서 얻는 듯하다.

어머니는 북에서 7남매의 맏딸로 태어나 6·25전쟁 때 가족을 두고 홀로 남쪽으로 내려오신 것에 대해 늘 안타까움을 가지고 계신다. 그땐 어리고 철이 없었다며 하찮은 가재도구를 과감히 버리고 함께 떠날 수 있도록 부모님께 권유하지 못한 것을 두고두고 아쉬워하신다.

어머니는 앞을 내다보고 살아야 한다며 세상의 변화에도 늘 눈과 귀를 열어두고 계시고 젊은 사람 못지않게 잘 적응하신다. 17년 전에는 엑셀부터 배워 거뜬히 컴퓨터로 장부도 정리하시고 가계부까지 오차 없이 몇 개의 파일로 수록해두셨다. 세월이 좋아졌다며 인터넷 뱅킹으로 은행에 가지 않고도 편하게 일을 보신다. 핸드폰 문자도 전화로 딱 한 번 가르쳐 드렸을 뿐인데, 잘 쓰시니 놀랍고도 자랑스럽다. 오히려 젊은 내가 어머니의 총기를 당할 수가 없다.

몇 년 전 무엇이든 배우는 일에 열정적인 어머니께 애경백화점에서 하는 수필 강좌를 안내해 드렸더니 당진에서 수원까지 4년이나 다니고 계신다. 때로는 재미있다고 좋아하시고 때로는 생각만큼 잘 안 써진다며 걱정도 하셨지만, 지도교수님께 동그라미라도 받는 날이면 어린아이처럼 좋아라하셨다. 이렇게 먼 길을 마다않고 수필공부를 하시더니 어느새 책을 내신다고 하셔서 무척 기쁘다.

언젠가 100세를 바라보는 나이에 첫 시집을 낸 일본시인, 시바타 도요의 시집을 사다드렸더니 읽으시고 따뜻하고 선한 시인의 마음이 그 짧은 시에 그대로 녹아있다고 감탄하셨다. 우리 어머니야말로 내겐 시바타 도요와 같은, 아니 그보다 더 훌륭한 분이다. 그러니 이번에 출간하는 책에는 부지런하고 선한 우리 어머니의 인생과 철학이 고스란히 배여 있을 것이다.

어려운 살림을 꾸려오느라 수많은 일을 하셨던 어머니가 그 중에서도 낙농업을 하다가 조경수를 기르면서 정든 소를 팔지 않아도 되니 마음이 편하다고 좋아하시던 모습을 나는 잊을 수가 없다. 비록 경기불황으로 나무가 잘 팔리지 않아 걱정이 되지만 야트막한 야산을 가꿔 각종 나무와 꽃들을 길러내시며 자연과 더불어 살아가시는 어머니가 나는 늘 존경스럽다.

평생을 열심히 노력하며 배우는 자세로 살아가시는 어머니를 본받아 나도 어머니처럼 멋지게 살고 싶다. 이번에 꿈꾸며 바라셨던 책을 출간하게 되어 딸로서도 무척 기쁘고 그동안 고생하셨던 어머니께 지면으로 뜨거운 축하의 말씀을 전한다.

'어머니, 수필집 출간을 축하합니다. 그리고 사랑합니다!'

그리움과 기다림으로 형상화한 한(恨)의 미학

- 金潤子 수필집 「돌때미골의 겨울나기」에 부쳐-

오창익

(문학박사・創作隨筆 발행인)

떠난 임 기다리기에 눈 먼 고개, 그래도 매일처럼 바라보기에 지치지도 않는 고개, 그 고개 밑의 마을이 돌때미골이다. 하루에 시내버스가 단 한 번 밖에 오지 않는 곳, 정확한 지명은 충남 당진시 정미면 천의리로서 '아버지, 돌 굴러 가유'의 가슴 아픈 메아리의 현장이기도 하다.

그곳 산자락에 외딴 집을 짓고 1천여 조경수를 가족처럼 보듬으며 사는 이가 있다. 퍼내고 퍼내어도 마르지 않는 샘물 같은 그리움을 벗하여 사는 문인이 있다. 그가 바로 80을 넘어 수필을 쓰기 시작했다는, 하여 4년 만에 책을 펴내는, 멀리 함경남도 함흥이 고향이라는 실향민 김윤자 수필가다.

그는 지금, 8년 전에 같이 살던 부군을 산마루 밑에 먼저 보내고는 거기서 글을 쓰며 혼자 산다. 그래서 그의 수필에는 ① 뒤돌아보며 가슴을 앓는 '한(恨)'이 있고, ② 앞을 보며 오늘을 참아내는 '그리움'이 있고 ③ 그 그리움에 의지하여 사는 '기다림'이 있다. ④ 그러면서도 하루 또 하루, 고마워하며 사는 '감사함'이 있다. 이 한과 이 그리움과 이 기다림과 이 감사함이 바로 김윤자님 수필의 성격이고 본질이다, 아니, 전부다.

제한된 지면이기에 그 대표적인 작품의 한두 문단씩을 예시하며 살펴보기로 한다.

먼저 '한(恨)이다. 작품 「돌때미골의 겨울나기」에서의 한 대문이다. "돌때미의 유래는 고려 말 공민왕 때 '석거설'이라는 충신이 어쩌다 이곳에 낙향하게 되었다. 그는 아들과 함께 땔나무를 해서 저잣거리에 내다팔아 생계를 이어갔다. 그러던 어느 날 아들은 산 위에서 아버지는 산 아래서 나무를 하다 아들이 그만 큰 돌을 건드려 아래로 굴러가기에 "아버지 돌 굴러 가유"했으나 이미 돌은 아버지를 덮치고 말았다.(……) 아들이 죽은 아버지를 부둥켜안고 한 손으로 그 돌을 두드리며 이 돌 때문에 아버지가 죽었다고 통곡하니 마을 사람들이 그를 불쌍히 여겨 오늘날까지 이 고장을 '돌때미골'이라 불러 오고 있단다. 오늘은 아버지를 도와 나무하던 효자가 부럽다."라고 하면서 작자 김윤자님은 돌이킬 수 없는 실수를 뼈저리게 참회하는 그 '아들의 한'을 '일상의 교훈'으로 자기화 한다. 나아가 그 의식을 형상화 하여 주제로 굳힌다. 한(恨)의 미학(美學)이다.

또 있다. 「성천강 이야기」란 작품으로, 제목이 시사하듯 1950년 한국전쟁으로 남하하여 두고 온 고향 산천을, 꿈에도 잊지 못하는 가족을 그리는 '아픈 한(恨)을 주제로 한 작품이다.

"성천강은 해질 무렵 수려한 산그늘이 드리우는 멋진 강은 아니다. 그 강에 놓인 만세교도 크고 긴 다리였다고 기억하였는데, 얼마 전 동창회에 들고 온 사진을 보니 교각도 엉성하고 초라하기만 했다. (……) 그러나 그곳이 비록 보잘것없고 누추한 곳일지라도 내가 자란 고향은 죽기 전에는 잊을 수가 없나 보다. 태어나 자란 곳을 그리는 정감은 누구나 다를 바 없거늘, 고향을 지척에 두고 내 고향의 산하를 밟아보지 못하고 떠나게 될 것 같아 서글프기 그지없다."라고, 역시 '두고 온 한(恨)'을 오늘에

접목시켜 '살아가는 이유'로 현실인식을 새롭게 한다.

다음은 그 두 번째로, 앞을 내다보며 오늘은 의지롭게 참아내는 '그리움'의 차례다. 작품 「여정의 노래」와 「80이 넘어 시작한 수필공부」에서 그 생생한 실상을 본다. 먼저 「여정의 노래」다. "나는 상금 아무 생각 없이 나들이에서 돌아와서도, 현관문을 열면 습관처럼 "여보 나 왔어요." 하고는 거실로 들어서며 한참씩 운다. 다시는 함께할 수 없는 그분의 빈자리가 참을 수 없는 외로움으로 나를 울린다. 날이 갈수록 더 그리운 것은 생전에 잘 보살펴 드리지 못한 죄책감에서겠지."라 쓰고, 내 남은 여생, 그 고마움을 글로나마 오롯이 남겨놓고 싶다고, 샘물 같이 샘솟는 그리움을 일상의 양식으로 받아 들여 자기화 한다. 그를 소화하여 주제화 한다. 그리운 마음의 현상학이다.

이어서 「80이 넘어……」에서는 "지난 5년 간 이 산 구석구석 사람의 손이 안 간 데 없이 나무도 심고 묘목도 길렀다. 차가 정상까지 올라갈 수 있게 구불구불 작업로(路)도 내고 내려갈 때 몇 번이나 미끄러지던 비탈길에 경계석으로 돌층계도 만들었다. 네모진 봉분과 비석은 아주 작게 만들어 언제 올라가도 무섭지 않고 살아 있는 사람이 접근하기 쉬운 아늑한 쉼터로 꾸며 놓았다."라 쓰고 있다. 여기 네모진 봉분은 물론 8년 전 먼저가신 부군의 유택이다. 그 유택 가에는 평소 부군이 좋아하던 배롱나무 두 그루를 심어놓고 이틀이 멀다하게 예의 그 돌계단을 오르내리며 임을 기린다. 아니 생시처럼 주거니 받거니 말을 나누며 살고 있다.

다음은 그 세 번째로, 그리움에 의지하여 슬기롭게 오늘을 사는 '기다림'의 세계다. 대표적인 한 문단을 예시한다.

> 외진 산골에 강아지와 함께 사니 때로는 교통도 좋고 파출부도 쉽게 부를 수 있는 아파트에 이사 가고 싶다. 그러나 생활이 편하다고 이것들을 두고 간다고 무슨 재미가 있을까…. 혼자 밥 해먹을 수 없을 때까지 여기서 살아야지. 나는 그래도 말년에 얻은 직업으로 조경수를 기르는 농원을 택하기를 너무 잘 했다. 거동을 할 수 있을 때까지 정년도 없이 농원을 돌보고 때로는 새싹들의 움틈에서 나 살아 있음에 감동하고 '봄을 기다리는 그 마음'을 어느 직업에서 얻을 수 있을까.

이는 「봄이 오는 길목에서」란 작품의 한 문단으로서, 앞을 보기 위해 뒤돌아보고, 다시 또 한 번 뒤돌아봄으로써 앞을 보며 현실인식을 새롭게 하는 지혜의 참모습이다.

다음은 살며 생각하는 일상에서의 고마움과 또한 생각하며 살아가는 그 고마움에 '감사하는 마음'을 주제로 한 네 번째 수필세계다. 작품 「생활의 변천」과 「꿈이여 다시 한 번」에서의 대표적인 한 문단씩을 예시한다.

어느새 좁은 시골 길이라도 모두 포장되어있다. 지난날 눈 녹는 봄날의 마을길은 마누라 없이는 살아도 장화 없이는 못산다는 온통 진흙바닥이었다. 전화가 없어 연락이 닿지 않던 일, 땀 흘리고 일한 뒤의 얼음물이 간절하던 시골동네였다. 그러나 지금은 산골 어느 오지에 가도 싱크대가 달린 입식 주방에다 세탁기에 진공청소기, 수세식 화장실에 욕실을 모두 갖추고 있다.

나는 어렵고 힘든 시대를 살아와서 이 편한 세상이 더 없이 고맙고 이런 좋은 세상을 살고 간다는 것만으로도 그저 만족하고 감사하며 살아간다.

– 「생활의 변천」에서의 '고마운 마음' –

작년 겨울부터는 컴퓨터로 자판을 두드리며 수필을 쓸 수 있다는 것도 노년에 얻은 큰 즐거움이다. 그런 강좌가 있는 줄 몰라 자칫 놓칠 뻔했던 수필공부였다. 무심한 꽃나무에도 내 마음의 이야기꽃을 피워 꺼져가는 불씨에 불을 댕겨야지.

"일곱 빛깔 무지개가 흐느껴 우-네/ 꿈이여 다시 한 번 내 가슴에 오너라." 소리 높여 부르며 그저 살아 있는 날에 감사하자. 그것이 언제까지일지는 몰라도.

-「꿈이여 다시 한 번」에서의 '감사하는 마음'-

지금까지 우리는 작품 「돌때미골의 겨울나기」와 「성천강 이야기」에서는 '恨의 마음을 느꼈고, 「여정의 노래」와 「80이 넘어 시작한 수필공부」에서는 '그리는 마음'을, 그리고 「봄이 오는 길목에서」는 애절한 '기다리는 마음'을 같이 읽었다. 또한 「꿈이여 다시 한 번」과 「생활의 변천」에서는 일상에 감사하는 마음을 뜨겁게 공감했다.

그러니까, 김윤자님의 수필세계는 명제에서 밝힌 그대로 그리움과 기다림으로 형상화한 '한(恨)의 미학(美學)'이었다.

축하드린다. 「돌때미골의 겨울나기」의 상재에 뜨거운 박수를 보낸다. 겨울을 의지롭게 보내고 따뜻한 봄을 건강하게 맞으시기를 빈다.